Glauben feiern

Bitte für uns!

Ludwig Gschwind

Glauben feiern

Christliche Bräuche im ganzen Jahr

Bitte für uns!

Geschichten um Heilige und ihre Patronate

Doppelband

Weltbild

Einkaufen im Internet:
www.weltbild.de

Genehmigte Lizenzausgabe für Verlagsgruppe Weltbild GmbH,
Steinerne Furt, 86167 Augsburg

Die Einzelbände des vorliegenden Doppelbandes sind
erstmals beim Sankt Ulrich Verlag erschienen:

Umschlaggestaltung: F2 Design, Augsburg
Umschlagmotiv: Corbis, Michel Setbonn (Bild Prozession);
Corbis, The Art Archive (Sankt Martin)
Gesamtherstellung: CPIMoravia Books s.r.o., Pohorelice
Printed in the EU
ISBN 978-3-8289-5052-8

2010 2009
Die letzte Jahreszahl gibt die aktuelle Lizenzausgabe an.

Glauben feiern

Christliche Bräuche im ganzen Jahr

Die Adventszeit

Die Weihnachtszeit

Die Fastenzeit

Die Osterzeit

Die Zeit im Jahr

Die Adventszeit

Hinterm Türchen ein Bär

Der Adventskalender regt die Phantasie an

Mit dem ersten Adventssonntag beginnt das große Warten auf Weihnachten. Die Kleinsten sind voll Ungeduld und ihr ständiges Fragen: „Wann kommt das Christkind?" hat vor 100 Jahren eine Mutter, Frau Lang in München, auf die Idee gebracht, einen Kalender zu malen, der mit dem Ersten Advent beginnt und mit dem Weihnachtsfest endet. Jeder Tag brachte ein neues Bild, wenn man die Türchen des Adventskalenders öffnete. Ihr Sohn war davon so begeistert, daß er später selber Adventskalender entwarf, druckte und verkaufte. Sie fanden reißenden Absatz.

Seitdem brauchen sich die Mütter nicht mehr den Kopf zu zerbrechen, was soll ich für ein Bild an dem oder jenem Tag malen. Sie können sich selber überraschen lassen. Für manche Tage ist es nicht schwer, eine zum Bild passende Geschichte zu erzählen wie für den Nikolaustag oder die vier Adventssonntage, aber für die anderen Tage?

Schlittschuhe und ein Ball, Bär und Schneemann waren da zu meiner Kinderzeit zu sehen. Viel interessanter als die Bilder waren freilich die Geschichten, die der Mutter zu den Schlittschuhen und dem Ball einfielen.

Morgens nach dem Aufstehen, wenn man gewaschen und angezogen war, und die Mutter einem beim Morgengebet geholfen hat, da konnte man es schon fast nicht mehr erwarten, endlich das nächste Türchen aufmachen zu dürfen. Würde ein Bild von der heißersehnten Eisenbahn draufsein? Zuerst aber mußte auch noch gefrühstückt werden. „Alles der Reihe nach!“ meinte die Mutter. Vielleicht wollte sie noch mehr Ruhe haben für das Erfinden einer Geschichte. Dann war es – endlich – so weit. Das Türchen wurde aufgemacht und da schaute einen treuherzig, so treuherzig wie der eigene Teddybär, ein Bär an. Wie kommt ausgerechnet ein Bär in den Adventskalender? Die Mutter wußte auch darauf eine Antwort wie auf all die anderen Fragen, die ein Kinderherz bewegten.

So ruhig und gelassen geht heute wohl nirgends mehr ein Tag an. Die Kleinen müssen zum Kindergarten gebracht werden, die Großen machen sich auf den Schulweg. Die meisten werden deshalb den neuen Tag schon am Vorabend beginnen lassen. Die Kinder dürfen das nächste Türchen am Adventskalender öffnen und, statt noch ein Weilchen fernzusehen, erzählt die Mutter eine Gute-Nacht-Geschichte, nachdem man miteinander zu Abend gebetet hat. Ob sich allerdings die in manchen Adventskalendern versteckten Süßigkeiten besser als „Betthupferl“ oder als Verzuckerung des Weges in Kindergarten und Schule eignen, werden die Eltern selber entscheiden müssen.

Wem wirklich keine Geschichte einfällt, der kann ja ein Buch zur Hand nehmen und eine Geschichte vorlesen. Manche Eltern haben weder zum Erzählen noch zum Vorlesen Zeit, dann bleibt den Kindern nichts anderes übrig als selber Geschichten zu erfinden. Während sie noch in Gedanken dem Ball nachstürmen und die gegnerische Mannschaft besiegen, gleiten sie sanft hinüber in das Reich der Träume, und die Mädchen spielen mit dem gleichen Ball des Adventskalenders eins der Auszählspiele, bei dem sie spätestens in ihren Träumen gewinnen.

Ein Hoffnungslicht aus dem Rauhen Haus

Der Adventskranz, ein Symbol der Ewigkeit

Es war ein evangelischer Pfarrer, der die Idee mit dem Adventskranz hatte. Johann Hinrich Wichern (1808–1881) betreute im „Rauhen Haus" zu Hamburg verwahrloste Jugendliche und suchte ihnen zu helfen.
So vieles war in ihrem Leben zerbrochen. Von ihren Eltern hatten sie keine Liebe erfahren und sie wollten nichts mehr mit ihnen zu tun haben. Kirche und Religion bedeuteten ihnen kaum etwas. Sie hatten weder schulische noch berufliche Bildung. Ihr Leben verlief ohne Hoffnung. Alkohol und Kriminalität schienen der einzige Ausweg zu sein. Bis Pastor Wichern kam.

Er gab diesen jungen Menschen im „Rauhen Haus“ ein Dach über dem Kopf, sorgte für ihr leibliches Wohl, kümmerte sich um ihre Ausbildung und vermittelte ihnen Arbeitsstellen. Neuen Mut wollte er den an sich selbst zweifelnden und an der Welt verzweifelten Jugendlichen geben. Er nahm sich Zeit für sie. Er betete mit ihnen. Er zeigte ihnen Jesus. Mit Jesus gehen, auf sein Wort hören, darauf komme es im Leben eines Menschen an, versuchte der Sozialapostel ihnen beizubringen.
Pastor Wichern wollte den jungen Menschen ein Stück Heimat und Geborgenheit vermitteln. 1833 hatte er die Idee mit dem Adventskranz. Jeden Tag im Advent wurde an einem großen Kronleuchter des „Rauhen Hauses“ eine weitere Kerze angezündet. Jeden Tag wurde es still in dem großen Saal und der Hausvater las aus der Heiligen Schrift und deutete das Wort Gottes. Es war eine großartige Vorbereitung auf Weihnachten. Die Jugendlichen waren begeistert.
Gute Ideen sprechen sich herum. Bald gab es in vielen Waisenhäusern und Heimen, dann in den Familien und schließlich auch in den Kirchen solche Adventskränze. Die Zahl der Kerzen wurde weniger. Vier Kerzen sollten die vier Sonntage im Advent markieren. Hatte man am Anfang einen Kronleuchter, an dem die Kerzen nach und nach angezündet wurden, so war es später ein Kranz mit Tannengrün, an dem farbige Kerzen brannten.
Alles hat dabei seine Bedeutung: Der Kranz ist Symbol für Gottes Ewigkeit, ebenso wie das Immergrün

der Tannenzweige. Die Kerzen sind Zeichen der Hoffnung und erinnern an die rasch verrinnende Zeit. „Advent“ hat ein Ziel: Weihnachten. Der Christ geht nicht nur auf das Fest der Menschwerdung des Gottessohnes Jesus Christus zu, der Christ geht mit jedem Tag, mit jeder Woche dem wiederkommenden Herrn entgegen: „Selig jener Knecht, den der Herr wach findet, wenn er kommt.“
Wenn wir die Kerzen am Adventskranz anzünden, dann sollten wir still werden und an Gottes Ewigkeit und die rasch verrinnende Zeit denken. Wenn wir es dann auch noch halten wie Pastor Wichern und die Bibel aufschlagen, in ihr lesen und uns von Gottes Wort ansprechen lassen, dann wird es bestimmt ein gesegneter Advent werden.

Vom Vater eingesperrt

Barbarazweige künden vom Gottesreich

Dunkel und die Sehnsucht nach Licht gehören zum Advent. Die Hoffnung auf das bessere Morgen mit wärmeren Tagen, mit blühenden Bäumen wird in diesen kalten Tagen lebendig. Beides, die Sehnsucht nach Licht und einer besseren Zukunft, macht die hl. Barbara zu einer so sympathischen Adventsgestalt.

Ihre Heimat war die heutige Türkei. Ihr Name läßt darauf schließen, daß sie nicht zu den vornehmen, hochgebildeten, griechischsprechenden Kreisen ihrer Zeit, des 4. Jahrhunderts, gehörte, sondern zu jenem Teil der Bevölkerung, die man herablassend „Barbaren" nannte, weil sie nicht so gepflegt waren und sich nicht so gut ausdrücken konnten. Man könnte auch annehmen, daß ihr Vater Dioscurus sie „Barbara" genannt hat, weil sie sehr lebhaft und kaum zu bändigen war, ein kleiner Wildfang, zu allen Streichen fähig. Mit geradezu krankhafter Vaterliebe wollte er sie vor allem bewahren, was ihr schaden konnte, deshalb ließ er einen Turm bauen, in den er sie einsperrte, wenn er auf längere Geschäftsreisen ging.
Welcher Vater aber kann schon seine Tochter für immer an sich binden? Eines Tages taucht der Märchenprinz auf, und kein Turm ist so unüberwindlich, daß er nicht schließlich eingenommen wird. In Barbaras Leben spielte Jesus diese Rolle. Inmitten einer heidnischen Umwelt, trotz eines ungläubigen Vaters fand sie durch Freundinnen zum christlichen Glauben. Sie ließ sich ohne Wissen des Vaters taufen, und als er von einer Reise zurückkehrte, mußte er feststellen, daß Barbara das Dunkel des Turmes, in dem bislang nur ein Fensterchen war, durch zwei weitere Fenster hatte erhellen lassen. Die drei Fenster sollten jedoch mehr sein als Lichtquelle, sie sollten ein Bekenntnis sein zu dem einen Gott in drei Personen. Das versuchte sie auch ihrem Vater zu erklären. Wollte er seine Tochter schon ungern an einen jungen Mann

verlieren, noch mehr sträubte er sich dagegen, daß sie Jesus als ihren Bräutigam bezeichnete. Wollte sie denn nicht begreifen, daß dieser Jesus schon fast 300 Jahre tot war, und der römische Kaiser Diokletian alle Christen unerbittlich verfolgte?!

Nein, Barbara wollte das nicht begreifen. Der Vater sah alle seine Lebenspläne vernichtet und meinte, nur mit äußerster Härte die Tochter für sich zurückgewinnen zu können. Er selbst zeigte Barbara als Christin an. Sie wurde verhaftet und schrecklich gefoltert. Die Legende berichtet, Gott selbst habe einen Engel zu ihr ins Gefängnis geschickt, um sie mit der hl. Kommunion zu stärken. Zum Tode durch das Schwert verurteilt habe Dioscurus selbst die Tochter getötet, aber sei nach vollbrachter Tat durch einen Blitz getötet worden.

In den Darstellungen der Heiligen finden sich als ihre Beigaben: der Turm, der Kelch und das Schwert. Und gerade der Beistand, den sie durch die hl. Kommunion erfahren hat, war Anlaß, sie als besondere Fürsprecherin für eine gute Sterbestunde zu bitten. Noch heute ist das Gebet zur hl. Barbara beliebt:

„Heilige Barbara, du edle Braut,
dir sei Leib und Seele anvertraut.
Sowohl im Leben, auch im Tod
komm mir zu Hilf in letzter Not.
Mach, daß ich vor meinem End
empfang das hochheilige Sakrament
und von Gott die Gnad erwerb,
daß ich in keiner Todsünd sterb!“

Barbara gehört zu den beliebtesten Heiligen. Sie zählt zu den 14 Nothelfern und wird in zahlreichen Anliegen als Fürsprecherin angerufen. Besonders die Bergleute verehren sie als ihre Patronin, weil sie in den dunklen Turm gesperrt sich nach dem Licht und der Sonne gesehnt und damit das Los der Bergleute am eigenen Leib erfahren hat. Am Barbaratag werden Zweige z. B. vom Kirschbaum geschnitten, die man ins Haus nimmt und die dann am Weihnachtstag zum Blühen kommen. Die „Barbarazweige" sind somit erste Frühlingsboten – mehr aber noch sind sie Zeichen des anbrechenden Gottesreiches, in dem Friede und Freude herrschen, und das verlorene Paradies wiederkehren wird. Advent ist nicht nur Rückerinnerung an die Zeit vor Jesu Geburt, sondern Vorbereitung auf Jesu endgültiges Kommen am Jüngsten Tag. Die hl. Barbara will dabei Wegbegleiterin und Fürsprecherin sein.

Der Kinderschreck hat ausgedient

Des heiligen Nikolaus unheiliger Begleiter

Der Nikolaustag war seit dem frühen Mittelalter ein Kinderfest. Auf diesen Tag freuten sich alle, denn der heilige Bischof beschenkte die Kinder mit Äpfeln und Nüssen. Er brachte das Speculatiusbrot, das man im Schwäbischen „Klausamale“ nannte. Die Freude über den Besuch des Heiligen wäre völlig ungetrübt gewesen, hätte es da nicht einen weniger heiligen Begleiter gegeben: den Knecht Ruprecht.

Knecht Ruprecht trägt dem frommen Bischof zwar den Sack mit den guten Gaben nach, aber er hat auch eine Rute bei sich und klappert mit einer Kette. Manchmal genügte bereits sein Knurren, um Kinder zum Weinen zu bringen. Andere stopften sich den Hosenboden aus, um gegen ein kommendes Strafgericht gefeit zu sein. Besonders freche Bürschlein steckte, so wird überliefert, Knecht Ruprecht sogar in den Sack. Heute läßt sich Knecht Ruprecht kaum mehr sehen. Das liegt nicht so sehr daran, daß die Kinder inzwischen folgsamer und weniger vorlaut wären als früher, oder fleißiger und frömmer, das hat mehr mit der Sorge der Erwachsenen zu tun, bei Kindern traumatische Ängste auszulösen. Man wird auch keinen Knecht Ruprecht mehr finden, der von seinem althergebrachten Züchtigungsrecht Gebrauch macht, denn der Gemaßregelte könnte ja den Staatsanwalt auf den Plan rufen. Nicht der Bösewicht würde in den Sack gesteckt, sondern der ruppige Begleiter des heiligen Nikolaus käme ins Gefängnis.

Meistens tritt Bischof Nikolaus allein auf, und in den seltenen Fällen, in denen „der finstere Gesell“ mitgenommen wird, wie bei Vereinsfeiern, bleibt er im Hintergrund. Geblieben ist nur mehr das Kettengerassel und das Fuchteln mit der Rute. Für den

Knecht Ruprecht und sein Auftreten spricht, daß er älter als der heilige Bischof von Myra ist, denn bereits bei unseren heidnischen Vorfahren geisterte diese Spukgestalt durch die winterlichen Wälder und erschreckte unfolgsame Kinder. Er taucht, wie man das von zwielichtigen Gestalten gewohnt ist, unter den verschiedensten Namen auf. Er heißt Hans Muff und Hans Trapp, aber man nennt ihn auch ganz unverhohlen: Düvel, böser Klaus, Beelzebub, Krampus oder Rumpelklas. In diesen Bezeichnungen kommt sehr deutlich zum Ausdruck, daß es sich bei dem Begleiter des aus dem Himmel kommenden heiligen Bischofs Nikolaus um ein der Hölle entstiegenes Wesen handeln muß. Himmel und Hölle, das Gute und das Böse werden so in einem lebenden Bild den Kindern veranschaulicht. Beides steckt bekanntlich im Menschen: Das Gute und das Böse. Gott hat den Menschen frei geschaffen. Jeder kann sich entscheiden. Am Nikolausabend fällt diese Entscheidung nicht schwer, deshalb war es immer ein Abend der guten Vorsätze und der großen Versprechungen. Eltern zehrten Wochen vorher und Wochen danach von diesem überirdischen Eingreifen in die Erziehung. Davon können Eltern heutzutage nur noch träumen.

Die ursprüngliche Heimat von Knecht Ruprecht war übrigens auch der Himmel, allerdings der Himmel unserer heidnischen Vorfahren. Der Oberste der Götter war Wotan. Ihn nannten die Germanen „hroudberth“, ruhmglänzend. Mit seiner wilden verwegenen Jagd tobte er durch die Winternächte.

Das Christentum konnte Wotan nicht einfach taufen, aber sein Fest am 29. September wurde zum Fest des heiligen Erzengels Michael, der alle, die sich selbst zu Göttern erklären wollen, aus dem Himmel hinauswirft. Wotan muß folglich fortan Luzifer in der Hölle Gesellschaft leisten. Nur am Nikolaustag darf er als Knecht Ruprecht in Erscheinung treten. Das Heidentum hat seine führende Rolle ausgespielt. Wotan, der Herr der Lüfte und der Geister, wird zum Knecht eines frommen Bischofs aus Kleinasien degradiert. Niemand mag ihn. Die Kinder fürchten ihn. Die Eltern haben auch nichts mehr für ihn übrig. Er wird über kurz oder lang ganz verschwinden.

Man könnte das als den endgültigen Sieg des Christentums über das Heidentum feiern, wenn das Heidentum nicht den heiligen Nikolaus inzwischen zum „Weihnachtsmann" umfunktioniert hätte. Man will weder vom Himmel noch von der Hölle etwas hören, Hauptsache die Kasse stimmt. Man will sich weder auf den Himmel freuen, noch vor der Hölle fürchten, es genügt, wenn viele Geschenke auf dem Gabentisch liegen. Vorbei sind die Zeiten, in denen Theodor Storm Knecht Ruprecht sagen lassen konnte: „Denn Äpfel, Nuß und Mandelkern essen fromme Kinder gern. Die Rute, die ist hier. Doch für die Kinder nur, die schlechten, die trifft sie auf den Teil, den rechten." Dann stellt sich auch die Frage nicht mehr: „Nun sprecht, wie ich's hierinnen find? Sind's gute Kind, sind's böse Kind?"

Die Weihnachtszeit

Schreiben Sie zu Weihnachten?

Von Wundern der Weihnachtspost

Haben Sie Ihre Weihnachtspost schon erledigt? Nein? Sie wollen heuer gar nicht schreiben. Geben Sie acht, daß es Ihnen nicht geht wie Jo Hanns Rösler, der aus Gründen der Zeit- und Portoersparnis auf das Schreiben von Weihnachts- und Neujahrsgrüßen verzichtet hat!

Bereits zum nächsten Weihnachtsfest war die Weihnachtspost, die er erhielt, auf ein kleines Häufchen zusammengeschmolzen und im Jahr darauf fand er gar nur noch eine einzige Karte in seinem Briefkasten. Sie stammte von seinem Postboten, der ihm aus lauter Mitleid geschrieben hat, denn in jedes Haus konnte er in diesen Tagen Karten und Briefe, Päckchen und Pakete bringen, selbst zu Leuten, die nur selten von ihm aufgesucht werden mußten, und für Jo Hanns Rösler kamen nur Rechnungen und Werbesendungen, aber kein einziger persönlicher Gruß. Tiefgerührt las dieser den Kartengruß, eilte zum nächsten Schreibwarenladen und begann ohne Rücksicht auf Zeit und Porto an alle Verwandte, Freunde und Bekannte Weihnachtsgrüße und Neujahrswünsche zu schreiben.

Ein paar persönliche Zeilen – sind sie nicht Ausdruck für das Denken aneinander? Und wenn es nur heißt: „sendet Euch Euer Karl mit Familie", dann ist es doch ein Lebenszeichen und vielleicht Anlaß, einmal anzurufen, einmal einen Besuch zu machen. Manchmal können ein paar Zeilen, ein Brief Wunder wirken. Man ist sich in der Verwandtschaft wegen einer Nachlaßgeschichte etwas in die Haare geraten. Man redet nicht mehr miteinander und geht sich aus dem Weg. Und jetzt kommt ein Brief zu Weihnachten. Die paar Mark waren wirklich einen Streit nicht wert!

In der Zeit vor Weihnachten geht einem manche Erinnerung durch den Kopf. Man erzählt den Kindern von früher, auch aus der Schulzeit und von Lehrern, die man hatte. Ob man nicht einer Lehrkraft, der man einiges zu verdanken hat, ein paar Zeilen schreiben sollte?

Eine alte Lehrerin, die von einem ehemaligen Schüler 30 Jahre später einen dankbaren Brief erhalten hat, schrieb ihm zurück: „Mein lieber Willi! Ich möchte, daß Du weißt, was mir Dein Brief bedeutet hat. Ich bin eine alte Frau in den Achtzigern, lebe allein in einem kleinen Zimmer, koche mir meine Mahlzeiten selbst, bin einsam und komme mir vor wie das letzte Blatt am Baum. Vielleicht interessiert es Dich, Willi, daß ich 50 Jahre lang Lehrerin war, und in der ganzen langen Zeit ist Dein Brief der erste Dank, den ich je erhalten habe. Er kam an einem kalten, blauen Morgen und hat mein einsames altes Herz erfreut, wie mich in vielen Jahren nichts erfreut hat" (aus „Das Beste", November 1986).

Der Kaiser von China wollte die Krippe sehen

Die Krippe verkündet die Botschaft von Weihnachten

Wenn die Nächte länger werden, und die Kälte einen in die warme Stube treibt, dann ist die Zeit der Krippenbauer angebrochen. Der Stall muß repariert werden. Das Schäflein braucht einen neuen Fuß und der heilige Josef ein neues Gewand. Das Moos liegt in einer Schachtel schon bereit. In den Tagen vor Weihnachten wird dann die Krippe aufgebaut, damit sie am Heiligen Abend von allen bewundert werden kann.

Die Krippe ist eine Predigt
Die Krippe ist eine einprägsame Predigt über die Menschwerdung Gottes. Nicht in Macht und Herrlichkeit betritt der Sohn Gottes die Welt, sondern nackt und bloß, arm und hilfsbedürftig. Nicht fordernd, sondern bittend begegnet er den Menschen. Maria und Josef sind dafür offen. Die Menschen von Betlehem verschließen ihre Häuser und ihre Herzen. Engel verkünden die Geburt Christi. Die Welt hört es nicht. Sie schläft. Nur Hirten, die Nachtwache halten, erfahren das Wunder der Heiligen Nacht. Sie machen sich auf, um das Unbegreifliche zu schauen.

Der Weg Gottes zum Menschen führt über die Krippe, warum sollte nicht auch ein Weg zu Gott über die Krippe führen – für Hirten und Könige, für Kinder und Erwachsene? Wäre es freilich nach dem Theologen Markion gegangen, der im 2. Jahrhundert lebte, gäbe es weder Krippe noch Christkind, denn er forderte: „Schafft endlich die Krippe weg und die eines Gottes unwürdigen Windeln." Die Kirche schenkte ihm kein Gehör. Markion wurde wegen seiner Irrlehren ausgeschlossen.
In Betlehem konnte man lange Zeit die ursprüngliche Krippe sehen. Der Kirchenvater Hieronymus, der sich viele Jahre in Betlehem aufgehalten hat, beklagt im 5. Jahrhundert, daß die schlichte Krippe durch eine silberne ersetzt worden sei. Mit dem Bau der Basiliken an den Heiligen Stätten, wie sie von Kaiserin Helena und Kaiser Konstantin dem Großen in Auftrag gegeben wurden, kam es zu ungeahnter Prachtenfaltung. Kaiserin Helena, die auch das Kreuz auf Golgotha aufgefunden hat, ließ die Bretter der Krippe nach Rom bringen. In der Basilika Santa Maria Maggiore werden sie bis heute aufbewahrt. Die Römer nennen deshalb diese Kirche auch „Santa Maria ad praesepe" – „Heilige Maria an der Krippe".

Franz von Assisi und die Krippe

Franz von Assisi, der das Evangelium wortwörtlich nahm und danach lebte, hat mit seinen Brüdern in der Heiligen Nacht des Jahres 1223 im Wald von Greccio eine Höhle mit Krippe, Ochs und Esel ausgestattet und dort die Christmette gefeiert. Zur Begründung sagte er: „Ich möchte die bittere Not, die Jesus schon als kleines Kind zu leiden hatte ... so greifbar wie möglich mit eigenen Augen schauen." Franziskus hat sich für seine „Waldweihnacht" eigens die Erlaubnis in Rom erbeten. Für alle, die daran teilgenommen haben, wurde es ein unvergeßliches Erlebnis. Der Franziskanerorden bewahrte das Vermächtnis des Ordensstifters und feierte nach dem Vorbild des Heiligen Weihnachten. Erst zwei Jahrhunderte später legte man ein Christkind aus Ton auf das Heu in der Krippe.

In der Reformationszeit hatte man wenig übrig für solch fromme Spiele. Während nördlich der Alpen die Anhänger der Reformation Bilder und Figuren aus den Kirchen entfernten, entdeckte man im Süden, daß neben dem Hören auch das Schauen der Verkündigung dienen kann. Die Jesuiten erwiesen sich als die großen Meister der Pädagogik. In ihren Schulen wurde fleißig Theater gespielt, geistliches Theater, um Altes und Neues Testament hautnah miterleben zu lassen. Sie regten Mitte des 16. Jahrhunderts auch die ersten Krippen in Italien an. Man stellte sie im Altarraum auf oder sie traten an die Stelle des Hochaltarbildes. 1563 berichtet ein Jesuitenpater nach Rom, man habe für die Münchner Augustinerkirche Christi Geburt in Figuren dargestellt. Die ganze Stadt sei begeistert gewesen.

Krippen in Indien und China

Die Krippendarstellung stieß nicht nur in Italien und den Jesuitenniederlassungen im deutschsprachigen Raum auf Begeisterung, sondern auch in sämtlichen Missionsgebieten der Jesuiten. So wurde am Hof des indischen Kaisers Akbar im Jahre 1599 auf Anregung eines Jesuiten eine Krippe 20 Tage lang aufgestellt. Der Kaiser interessierte sich dafür und ließ sich daraufhin das Leben Jesu vorlesen. Wenige Jahre später empfingen drei königliche Prinzen die heilige Taufe.

Der Jesuit Adam Schall († 1666), der viele Jahre in Peking tätig war, konnte an Weihnachten sogar den Kaiser von China in seiner Kirche begrüßen. Der Kaiser war von der Krippe begeistert und kam am Dreikönigstag nochmals, um auch die Heiligen Dreikönige zu bewundern. Leider hatte man vergessen, sie aufzustellen. Enttäuscht fragte der Kaiser: „Wo sind Kaspar, Melchior und Balthasar geblieben?“ Pater Schall antwortete: „Heute sind die Dreikönige überflüssig, weil der größte König der Welt, der Kaiser von China, dem menschgewordenen Gott huldigt.“ Das Interesse des Kaisers für den christlichen Glauben war geweckt. Er ließ sich von Pater Schall immer wieder in religiöse Gespräche verwickeln. Zum letzten Schritt, zur Taufe kam es freilich nicht. Mit 22 Jahren starb der Kaiser, dem die Krippe so viel bedeutet hat.

Von Tirol nach Schwaben

Die Krippe nahm ihren Siegeszug von den Kirchen über die Schlösser hin zu den Bauernstuben, dies zuallererst in Tirol. Begabte Leute fanden sich, die das Weihnachtsgeschehen, das sie in der Kirche bewunderten, für den Herrgottswinkel nachschnitzten. Als nach dem großen Peststerben von 1628 die Äbte von Ursberg und Roggenburg, der Probst von Wettenhausen und die Äbtissin von Edelstetten, Tiroler ins Land holten, um die ausgestorbenen Ortschaften wieder zu besiedeln, brachten sie außer ihrem Fleiß und ihrem tiefen Glauben auch ihre Liebe zur Krippe mit, und wenn sie noch heute in diesem Landstrich besonders viele Haus- und Kirchenkrippen finden, so daß man vom „Schwäbischen Krippenparadies" spricht, dann braucht man sich darüber nicht zu wundern. Nicht alle waren begnadete Schnitzer, nicht alle konnten sich geschnitzte Figuren leisten, gar so kostbare wie die adeligen Damen von Edelstetten, aber zu „Bachenen" – Gebackenen – aus Lehm oder Ton in Modeln gefertigt und bemalt, reichte es in jedem Haus. Weihnachten ohne Krippe wäre unausdenkbar gewesen.

Das Verbot der Krippe

Als der Augsburger Fürstbischof Clemens Wenzeslaus, wie viele vom kalten Hauch der Aufklärung erfaßt, das Aufstellen von Krippen in den Kirchen Ende des 18. Jahrhunderts verbot, folgten die meisten Pfarrer der Bischöflichen Anordnung. Viele wertvolle Krippen gingen damals verloren. Einigen wenigen Pfarrern gelang es, ihre Krippen zu erhalten. Heute zählen die jahrhundertealten Stücke zu den kunstgeschichtlichen Kostbarkeiten der Region.

Längst sind die Krippen wieder in die Kirchen zurückgekehrt. Die Verordnungen des Fürstbischofs Clemens Wenzeslaus und auch der Erlaß der Kurpfalzbaierischen Landesdirektion in Schwaben von 1803, der die Aufstellung von Krippen in Kirchen erneut untersagte, sind vergessen. Es war König Ludwig I. von Bayern, der 1825 sowohl die Christmette wieder in der Mitternacht gestattete als auch das Aufstellen der Krippen in den Kirchen.

Die Liebe zur Krippe steckt an

Anfang des letzten Jahrhunderts bildeten sich sogar „Krippenvereine". In der ersten Nummer einer Vereinszeitschrift aus dem Jahre 1917 heißt es: „Inmitten der Leiden und Trübsale des Lebens verlangt das Herz nach Freude. Freude, stille, selige Freude weckt der Anblick einer Krippe." Der Krippenverein setzte sich das Ziel, in den Geist des Weihnachtsgeheimnisses einzuführen, altes Krippengut zu bewahren, den Bau neuer Krippen zu fördern und Unwürdiges von der Krippe fernzuhalten. Die Krippenfreunde haben die Liebe zur Krippe nicht nur für sich und ihre Familien bewahrt, sondern viele andere damit angesteckt.

Wenn in den Weihnachtstagen wieder viele unterwegs sind, um die Krippen in Kirchen und Privathäusern zu bewundern, dann geht keiner weg, ohne vom Geheimnis der Heiligen Nacht angerührt zu werden. Jede Krippe verkündet: Gott ist Mensch geworden. Das ist die frohe Botschaft der heiligen Nacht. Wer sich zum Kind in der Krippe auf den Weg macht, der kommt nach Hause, „denn das ist es, was das Kind von Betlehem allen schenken will, die weinen, wachen und wandern auf dieser Erde" (Friedrich von Bodelschwingh).

Umstrittene Weihnachtszier

Nicht immer gehörte zu Weihnachten der Christbaum

Das Lied vom Tannenbaum: „O Tannenbaum, o Tannenbaum wie grün sind deine Blätter" soll seinen Ursprung bereits im 11. Jahrhundert haben. Damals dachte noch niemand daran, aus dem Nadelgehölz einen Christbaum zu machen.

Im Elsaß soll man erstmals auf diese Idee gekommen sein und in einer Predigt des Jahres 1645 wetterte der evangelische Münsterpfarrer von Straßburg, Johannes Konrad Dannhauer: „Unter anderen Lappalien, damit man die alte Weihnachtszeit oft mehr als mit Gottes Wort begeht, ist auch der Weihnachts- und Tannenbaum, den man zu Hause aufrichtet, denselben mit Zucker und Puppen behängt und ihn hernach schüttelt. Wo die Gewohnheit herkommt, weiß ich nicht. Es ist ein Kinderspiel ... Viel besser wäre es, man wiese die Kinder auf den geistigen Cedernbaum, Jesus Christus, hin."

Die Legende hat schließlich Martin Luther zum „Vater des Christbaumes" gemacht. Da wird erzählt: „Einst zog Martin Luther an einem Weihnachtsabend allein über das Land. Mit tausend und abertausend Sternen leuchtete der Himmel rein und klar über ihm. Er holte deshalb aus dem nächsten Wald einen Tannenbaum, stellte ihn im Gemach auf und besteckte ihn über und über mit Kerzen. Damit wollte er seinen Kindern ein Bild von dem Nachthimmel geben mit seinen ungezählten Sternen, von dem herab der Herr Jesus in diese Nacht auf die Erde kam."

Diese Legende hat dazu beigetragen, daß sich der Brauch, einen Christbaum in der guten Stube aufzustellen, vor allem in den evangelisch geprägten Gebieten Deutschlands ausgebreitet hat. In den katholischen Gegenden brachte weiterhin Sankt Nikolaus die Geschenke und am Heiligen Abend wurde die Krippe aufgestellt. Höhepunkt war dann die feierliche Christmette, die mit der Krippenlegung begann.

Es war eine kleine Sensation, als Königin Caroline von Bayern, die aus Baden stammte und evangelisch war, in München 1803 den ersten Christbaum aufstellen ließ. Noch 1860 wird es als „norddeutsche – protestantische Sitte" in einem bayerischen Kalender bezeichnet, „welche nur in München, seit den Tagen der Königin Caroline eingeführt, in den höheren Ständen festen Fuß gefaßt hat."

Der Theologe, Pädagoge und Schriftsteller Christoph von Schmid hat als Pfarrer von Oberstadion in Württemberg 1825 seine Erzählung „Der Weihnachtsabend" veröffentlicht. Das 10. Kapitel ist überschrieben „Der Weihnachtsbaum". Er läßt Anton sagen: „Den lieben Kleinen müssen wir morgen frühe noch eine besondere Freude machen. Wir müssen ihnen einen Weihnachtsbaum zurichten. Denn wie in einigen Gegenden die Krippe, so ist in andern der Weihnachtsbaum Sitte." Im weiteren Verlauf der Erzählung schildert er das Schmücken des Baumes, der mit Kerzen, Äpfeln und Birnen behangen wird. Staunende Kinderaugen freuen sich und Franz sagt: „Einen solchen Baum, der so schön ist und im Winter so vielerlei Früchte trägt, gibt es in unserem ganzen Wald nicht." Klara erwidert ihm: „Solche Bäume wachsen nur im Paradies oder gar im Himmel." Die Mutter erklärt den Zusammenhang, als Klara meint, das Christkind habe den Baum gebracht. „Nein, das Christkind hat den Baum nicht gebracht, aber Christus … hat euch diese Freude beschert. Denn wäre Er uns nicht geboren, so wüßten wir nichts von Weihnachtsfreuden und Weihnachtsgeschenken."

Man kann daraus schließen, daß Christoph von Schmid nichts davon hielt, den Weihnachtsbaum gegen die Krippe auszuspielen. Seine Erzählung dürfte zu einer weiteren Verbreitung des Christbaumes auch im katholischen Raum geführt haben.

Zu Beginn des 20. Jahrhunderts gehörte der Christbaum schon in jedes Haus. Der österreichische

Schriftsteller Heinrich Waggerl († 1971) erzählt: „Zu Anfang Dezember, in den unheimlichen Tagen, während Sankt Nikolaus mit dem Klaubauf unterwegs war, wurde ich in den Wald geschickt, um den Christbaum zu holen ... Stundenlang kroch ich im Unterholz herum, aber ein Baum im Wald sieht sich ganz anders an als einer in der Stube. Wenn ich meine Beute endlich daheim in die Waschküche schleppte, hatte sich das schlanke, pfeilgerade Stämmchen doch wieder in ein krummes und kümmerliches Gewächs verwandelt, auch der Vater betrachtete es zu Sorge. Er mußte seine ganze Zimmermannskunst aufwenden, um das Ärgste zurechtzubiegen."

Nicht nur Pfarrer wie der Straßburger Münsterprediger anno 1645 hatten ihre Bedenken gegen den Weihnachtsbaum, auch die königlich bayerische Regierung verfügte in einem Erlaß von 1804: „Es wird der Mißbrauch mit den Christbäumen für die Kinder untersagt." Mit Geld- und Leibesstrafen wollte man diesen neuen, „der Forstkultur so nachteiligen und ganz zwecklosen Mißbrauch" abstellen. Dies alles konnte den Siegeszug des Christbaums nicht aufhalten.

Die königliche Regierung von Bayern hat ja nicht ahnen können, daß staatliche Forstämter 200 Jahre später sich sehr positiv über den alljährlichen Absatz von Weihnachtsbäumen äußern würden. Auch jener Straßburger Münsterprediger wäre wohl nie auf die Idee gekommen, das Aufstellen von Weihnachtsbäumen als „Verstoß gegen die öffentliche Ordnung" zu ahnden, wie es später im kommunistischen Li-

tauen geschah: Geistliche, die in ihren Kirchen Christbäume aufstellten, wurden zu Geldstrafen verurteilt. So ändern sich die Zeiten!
Die Freude am Christbaum hat dazu geführt, daß schon Wochen vor Weihnachten auf Straßen und Plätzen, in Vorgärten und Kaufhäusern die Tannenbäume in voller Kerzenpracht die Geburt Christi ankündigen. Die Christbäume wollen das Dunkel erleuchten, aber ihr Licht empfangen sie im Grunde genommen von Jesus, dem Licht der Welt. Die Christbäume erwärmen die Welt, denn sie erinnern an die Liebe Gottes zum Menschen. Keiner möchte mehr den Christbaum missen, und selbst auf dem Petersplatz in Rom steht an Weihnachten ein Christbaum als Geschenk aus dem Alpen- oder Voralpenland.

Er führt zum Kind

Der Stern von Betlehem

Wir nennen die Nacht, in der Jesus Christus geboren wurde, die Heilige Nacht. Engel verkünden die frohe Botschaft: „Heute ist euch in der Stadt Davids der Heiland geboren." Die Prophezeiung des heidnischen Sehers Bileam erfüllt sich: „Ich sehe ihn, aber nicht jetzt. Ich erblicke ihn, aber nicht in der Nähe: Ein Stern geht in Jakob auf."

Ein Stern geht auf

Jesus ist „das Licht, das in die Welt kommt, um alle Menschen zu erleuchten“, wie der Evangelist Johannes schreibt. Wer wundert sich, daß nicht nur Engel den Hirten in überirdischem Licht erscheinen, sondern daß auch ein Stern am Himmel aufleuchtet, um aller Welt kundzutun: Der Heiland ist geboren.

Mit dem Stern von Betlehem hat es, wie nicht anders zu erwarten, eine besondere Bewandtnis. Als Gott im Anfang die Welt erschuf, rief er am ersten Tag das Licht ins Dasein, aber erst am vierten Tag Sonne, Mond und Sterne. Die jüdische Überlieferung erklärt dies so: „Des Lichtes, das er am ersten Tag erschuf, bediente sich der Herr die ersten drei Tage, bevor er die Gestirne erstehen ließ. Am vierten Tag aber verbarg der Herr das erste Licht. Er hat es verborgen bis zu den Tagen des Messias.“

Der Stern des Messias

Der Stern von Betlehem verkündet die Ankunft des Messias. Die Menschen sehen den Stern, aber sie verstehen die Botschaft nicht. Nur fern im Osten machen sich Sternkundige, die heiligen Dreikönige, auf den Weg nach Betlehem. Naturwissenschaftler haben herausgefunden, daß es zur Zeit der Geburt Christi tatsächlich ein besonderes Ereignis am Himmel zu sehen gab. Sie bestätigen einen Sternkalender der Astronomen von Sippar am Euphrat. Die antiken Gelehrten haben für das Jahr 7 vor Christus die Konjunktion von Jupiter und Saturn im Sternbild der Fische errechnet. In der Sprache der Astrologie hatten die Sterne noch dazu eine besondere Bedeutung. Jupiter war der Stern des Herrschers der Endzeit. Der Saturn galt als Stern Israels.

Die Weisen aus dem Osten machen sich auf den weiten und beschwerlichen Weg, weil sie die Botschaft des Sterns verstehen. Die Schriftgelehrten in Jerusalem sitzen über ihren Büchern und erheben ihre Augen nicht zum Himmel. Sie verpassen die Heilige Nacht. Die Leute in Betlehem schlafen. Sie verschlafen die Heilige Nacht. Die Pharisäer diskutieren. Vor lauter gelehrtem Geschwätz haben sie keinen Sinn für das Wunder der Heiligen Nacht. Man denkt an die Worte des Psalmisten: „Ein Licht erstrahlt den Menschen mit redlichem Herzen" (Psalm 97,12).

Als die heilige Elisabeth von Thüringen erst 24jährig im Sterben lag, sagte sie zu ihren Gefährtinnen: „Nun wollen wir von Gott und dem Jesuskind sprechen, es geht ja auf Mitternacht, die Stunde, in der Jesus geboren wurde, in der Krippe lag und in seiner Allmacht den neuen Stern erschuf, den niemand vorher gesehen hat." Nach diesen Worten ging sie „wie in süßestem Schlaf aus dem Leben" berichtet ihr Biograph. Sie war an ihr Ziel gelangt.

Der Stern von Betlehem schien zeitweise neben dem roten Stern von Moskau zu verblassen. Die frohe Botschaft von der Geburt des Heilandes der Welt, des Friedensfürsten, geht aber durch die Jahrhunderte bis ans Ende der Zeiten und am Ende spricht Christus: „Ich bin das Alpha und das Omega, der Erste und der Letzte, der Urbeginn und das Ende … Ich bin der glänzende Morgenstern.“

Der Stern über der Krippe

Jetzt stehen überall die Christbäume in schönster Pracht, geschmückt mit Kerzen und Strohsternen. Der Stern von Betlehem aber darf in keiner Krippe fehlen. Er gehört zu ihr wie der Engel, der das „Gloria“ der Heiligen Nacht verkündet und das Lied vom Frieden singt.

Der Stern von Betlehem ist in der einen Krippe als Komet dargestellt. Das erinnert daran, daß er auftaucht und wieder verschwindet. Er kann die Weisen führen und über dem Stall stehen bleiben. In der anderen Krippe ist der Stern von Betlehem mit sechs Strahlen zu sehen. In der Zahl sechs verbinden sich Himmel und Erde. Am sechsten Tag erschuf Gott den Menschen. Der sechste Tag war auch der Tag des Sündenfalls. Schließlich wird Jesus am Karfreitag, dem sechsten Tag der Woche, den Menschen erlösen. Jesus ist demnach der neue Adam, der seine Sündenlosigkeit bewahrt und das Paradies wieder öffnet. Daß mit Jesus eine neue Zeit angebrochen ist, möchten auch die sechs Krüge andeuten, deren Wasser Jesus bei der Hochzeit zu Kana in Wein verwandelt. In vielen Krippen mit wechselnden Darstellungen schließt deshalb die Weihnachtszeit mit dem Bild von der Hochzeit, die einen Vorgeschmack der himmlischen Seligkeit geben möchte.

Vieles spricht für einen sechsstrahligen Stern in der Krippe, aber es gibt auch gute Gründe für einen achtstrahligen Stern. Der achte Tag ist der Tag der Auferstehung Jesu. Die Zahl acht wird damit zum Symbol für Christus. Es sind zwei Vierecke, die übereinandergelegt acht Zacken ergeben. Die doppelte Vierung bildet auch das Kreuz. Der Auferstehung geht die Kreuzigung voraus. So kündet sich schon im Stall von Betlehem das Schicksal Jesu an. Der achtstrahlige Stern möchte die neue Schöpfung andeuten. In sieben Tagen wurde die Welt erschaffen. Der achte Tag bringt eine neue Welt hervor. Es ist die erlöste Welt.

Der Stern führt zum Kind in die Krippe
Je mehr Zacken ein Stern aufweist, umso mehr nähert er sich der runden Form, der Form der Vollkommenheit, deshalb gibt es auch Weihnachtssterne, die mehr als acht Strahlen aufweisen, so jener in der Geburtsstätte zu Betlehem. Spielt es aber eine Rolle, ob der Stern sechs, acht oder mehr Strahlen aufweist? Es kommt darauf an, sich vom Stern leiten zu lassen hin zum Kind in der Krippe. Dieser Meinung ist auch der Kirchenvater Johannes Chrysologus († 450): „Heute findet der Sternkundige den als weinendes Kind in der Wiege, dessen Glanz er am Sternenhimmel gesucht hatte. Heute bewundert er sichtbar in Windeln, den er lange unter den Sternen verborgen glaubte. In tiefer Bestürzung erkennt er heute, was er dort sieht: auf der Erde den Himmel, im Himmel die Erde, in Gott den Menschen, im Menschen Gott … ihn, den die ganze Welt nicht zu fassen vermag."

Lebensrecht für Kinder

Tag der Unschuldigen Kinder

Daß die Krippe und das Kreuz, das Jesuskind und der Gekreuzigte zusammengehören, vergessen wir über all der Krippenidylle und Weihnachtsromantik nur zu leicht. Und wenn am Stefanstag, dem 2. Weihnachtsfeiertag, an den ersten Märtyrer der Kirche erinnert wird, dann steht dabei sein Bekenntnis zu Jesus, dem Sohn Gottes, den er zur Rechten des Vaters sieht, im Mittelpunkt. Zu den Märtyrern zählt die Kirche auch die Unschuldigen Kinder, die König Herodes in Betlehem durch seine Soldaten töten ließ. Manch alte Krippe spart dieses schreckliche Ereignis nicht aus. Der machtbesessene König sitzt auf seinem Thron, bewacht von seiner Leibgarde. Seine Soldateska entreißt die Kinder ihren Müttern, um sie zu töten. Die Szene läßt sich an Brutalität kaum überbieten. König Herodes sieht nicht, was in Betlehem angerichtet wird. Er schaut weg. Er ist aber ganz Ohr für den Teufel, der ihn zu dieser Untat anstiftet.

Das Fest der Unschuldigen Kinder war früher in den Klöstern und Klosterschulen ein ganz großes Ereignis, denn der Klostervorsteher mußte für einen Tag alle seine Vorrechte und Aufgaben an das jüngste Mitglied der Klostergemeinschaft übergeben. Dieser durfte dann für einen Tag den Oberen des Hauses spielen. Das Wort Jesu von den Letzten, die

am Jüngsten Tag die Ersten sein werden, sollte allen ins Bewußtsein gerufen werden. So mächtig und einflußreich der Abt eines mittelalterlichen Klosters war, am Tag der Unschuldigen Kinder mußte er seinen Platz im Speisesaal räumen, den Brüdern das Essen servieren und in der Küche beim Spülen helfen. Dieser Brauch besteht in manchen Klöstern noch heute. In den Klosterschulen hat dieser Brauch allerdings zu viel Ärger geführt, denn wenn der jüngste Schüler das Rektorat übernahm, war alles außer Rand und Band. Die Lehrer wurden schikaniert und die Autorität litt Schaden. Aus dem Brauch wurde ein Mißbrauch und deshalb hat man ihn abgeschafft. Dies mag der Beginn der Weihnachtsferien für Schüler gewesen sein, denn wenn alle außerhalb der Schule sind, kann die Revolution am Tag der Unschuldigen Kinder, die Umkehrung aller bestehenden Ordnung, nicht stattfinden.
Seit einigen Jahren rückt dieser Tag erneut in den Blickpunkt, denn angesichts der vielen Kinder, die heutzutage bereits im Mutterleib getötet werden, wird das Fest der Unschuldigen Kinder zum Gedenktag der ungewollten Kinder. Jahrelang rief der mittlerweile verstorbene Erzbischof von Fulda, Johannes Dyba, zu einem Mahnläuten für diesen Tag auf, was zu kontroversen Diskussionen geführt hat. Da im Jahre 1990 der „Einigungsvertrag“ eine juristische Neuregelung der Abtreibung für das wiedervereinigte Deutschland vorsah, die das ungeborene Kind erneut zur Disposition stellte, sah sich der Kölner Erzbischof Kardinal Meisner zu der Feststellung

veranlaßt: „Das ist ein zu hoher Preis für die Einheit Deutschlands." Der Tag der Unschuldigen Kinder ist Anlaß, über uns und unsere Gesellschaft nachzudenken, in der sich die Tragödie von Betlehem erneut ereignet.

Wünsche auf dem Prüfstand

„Hauptsache Gesundheit" zum Neuen Jahr

Gute Wünsche kann man immer brauchen und sie sind doppelt wichtig, wenn man über die dunkle Schwelle eines neuen Jahres tritt. Wir wünschen uns gegenseitig Gottes Segen und Gesundheit. Freilich, wenn ich es genau bedenke, wird der Wunsch um Gottes Segen immer seltener, statt dessen heißt es: „Hauptsache Gesundheit!" Ohne Zweifel ist die Gesundheit ein hohes Gut, aber ist sie wirklich die Hauptsache?
Als klein Mäxchen seinem Vater das Zeugnis zeigte, das nur so von schlechten Noten strotzte und in dem zu lesen war, daß der Schüler das Klassenziel nicht erreicht hat, da tröstete der Kleine den Vater: „Na ja, Papa, die Hauptsache ist doch die Gesundheit." Gewiß, ein Trost, aber ob das den Vater davon abgehalten hat, seinem kleinen Faulpelz kräftig die Leviten zu lesen?

Hauptsache Gesundheit! Manchmal kann es ganz gut sein, wenn man für ein paar Tage, für ein paar Wochen ausfällt: Eine Krankheit hilft, das Leben zu überdenken. Man hat gearbeitet und geschuftet, man hat sich so wenig Zeit genommen für Gott, so wenig Zeit füreinander, so wenig Zeit für sich selbst. Kann man so weiter machen? Wieviel Zeit bleibt noch?

Hauptsache Gesundheit! Ob nicht mancher viel drum gäbe, wenn es zu Hause friedlicher zuginge, wenn nicht dauernd genörgelt und geschimpft würde; wenn man einmal auch etwas recht machen könnte. Sicher, die Gesundheit ist ein hohes Gut, aber ist häusliches Glück dies nicht auch?

Hauptsache Gesundheit! Das wünscht man der Oma und hofft, daß sie noch recht lange für sich selbst sorgen kann und keine Pflege braucht. Das wünscht sich auch die Oma, denn sie ist nicht sicher, ob ihre Kinder sich im Krankheitsfall um sie kümmern werden.

Hauptsache Gesundheit! Sind wir nicht Opfer des materiellen Denkens geworden, bei dem ein Mensch nur etwas wert ist, wenn er arbeiten kann, wenn er auf niemanden angewiesen ist? Der kranke, der behinderte Mensch hat in dieser Gesellschaft keinen Platz mehr. Die Welt ohne Gott ist grausam.

Hauptsache Gesundheit! Ohne den Invaliden Ignatius von Loyola gäbe es keine Jesuiten, wäre es nicht zu einer so großartigen Erneuerung der katholischen Kirche im 16. und 17. Jahrhundert gekommen. Was wären Theresia von Lisieux oder Lidwina

ohne ihre Krankheit geworden? Krankheiten haben viele Menschen dem Himmel näher gebracht. Ohne Leiden und Kreuz kann man dieses Ziel fast nicht erreichen.
Ist Gesundheit wirklich so erstrebenswert? Ist sie jeden Preis wert? Sind jene Forscher, die in den Konzentrationslagern der Nazis mit Menschen experimentierten, nicht nahe Verwandte jener Forscher, die mit menschlichen Embryonen arbeiten? Und wenn Sektierer die Sehnsucht des Menschen nach Gesundheit ausnützen, um sie der Kirche zu entfremden, dann stellt sich die Frage, ob man für die Gesundheit sogar die Ewigkeit aufs Spiel setzen darf. Jesu Wort: „Wer sein Leben retten will, der wird es verlieren" gewinnt neue Aktualität.
Ich wünsche Ihnen zum Neujahr nicht „Hauptsache Gesundheit", sondern Gottes Segen. Er möge sie in gesunden und kranken Tagen begleiten.

Schluß mit der Bettelei!

Als das Sternsingen zu Dreikönig verboten wurde

In den ersten Tagen des neuen Jahres ziehen sie immer von Haus zu Haus, die heiligen Dreikönige mit ihrem Stern. Schon Johann Wolfgang von Goethe war der Brauch bekannt und in seinem Epiphanias-Gedicht zitiert er einen der Verse, die sie hersag-

ten: „Die heiligen drei Könige mit ihrem Stern – sie essen und trinken und zahlen nicht gern“. Zu Goethes Zeit hatten arme Handwerksburschen die Rollen der Weisen aus dem Morgenland gespielt, um ein paar Groschen dazuzuverdienen.
Das Sternsingen gehört zu den „Heischebräuchen“, bei denen arme Leute etwas geschenkt bekamen, ohne daß sie sich als Bettler fühlen mußten. Da und dort kam es zu Mißbräuchen. Sternträger gingen aufeinander los und funktionierten den Stern von Betlehem zu einem Schlaginstrument um. Die heiligen Dreikönige ergriffen gleichfalls Partei und führten sich recht unheilig auf. Dies alles, weil man sich an die festgelegten Sammelgebiete nicht gehalten hatte. Solche Vorkommnisse führten dazu, daß man im bayerischen Nabburg 1585 das Sternsingen gänzlich untersagte. 1746 hat der Fürstbischof von Regensburg gleichfalls für sein gesamtes Bistum ein Verbot des „Dreikönigsspiels“ ausgesprochen.
Der Gehorsam gegenüber der geistlichen Obrigkeit ließ bereits damals zu wünschen übrig. 1749 erging folgendes Schreiben vom Fürstbischöflichen Konsistorium Regensburg an den Pfarrer von Pettenreuth, Dekan Spirk: „Lieber Dechant! Wir haben in Erfahrung gebracht, daß in Eurem Dekanatssprengel noch der Mißbrauch vom sogenannten heiligen Dreikönigsspiel sei. Es gehen dabei Knaben und Mädchen miteinander, die letzten besonders tragen ärgerliche Kleider um den oberen Teil des Körpers, sehr kurze Röcke und sind allen zum Ärgernis. Wir mahnen Euch dringend in Eurer Pfarrei und dem

ganzen Sprengel in Zukunft nichts dergleichen mehr zu dulden". Ob der Dekan sich durchsetzen konnte, ist nicht bekannt.

Maximilian Graf von Montgelas, 1799–1817 leitender Minister in Bayern, war es vorbehalten, mit dem Brauch und damit auch mit den Mißbräuchen gründlich aufzuräumen. Heischebräuche waren in den Augen des aufgeklärten Herrn im Königreich Bayern nicht notwendig, da der Staat mit der Hebung der Wirtschaft auch die vorhandene Armut bekämpfte. Gegen Bettelei, auch wenn es sich um einen alten Brauch handelte, ließ der Minister die ganze Härte des Gesetzes walten. Erst nachdem Montgelas sein Amt verloren hatte und unter König Ludwig I. die Bräuche wieder belebt wurden, zogen Sternsinger nach alter Sitte durch die Dörfer. In der Regel stand den Ministranten dieses Vorrecht zu.

In den Gewändern, die sie am Altar beim Meßdienst trugen, gingen sie von Haus zu Haus. Daß sie Sternsinger waren, konnte man an den mit Goldpapier überklebten Kronen aus festem Papier sehen und dem Stern, der nicht fehlen durfte. Rauchfaß und Kreide gehörten zu ihrer Ausstattung wie die Büchse für die milden Gaben. Wollten sie die Geber besonders erfreuen, dann sangen sie ein Lied, und die Spendenbereitschaft erhöhte sich beträchtlich. Man mußte auch richtige Rauchwolken sehen, wenn die Könige das Haus betraten. So ein bißchen Kirchenluft im Haus konnte nicht schaden, das meinten selbst die, die sonst keine besonderen Freunde des Weihrauchs waren. Die bösen Geister sollen jedenfalls den Weihrauch noch mehr fürchten als das Weihwasser, weil er in alle Ritzen dringt und sie damit in die Flucht schlägt. Die aufgeklärte Menschheit hält davon natürlich nichts. Sie klopft auf Holz, wenn von der Gesundheit die Rede ist, und seufzt dreimal toi-toi-toi.

An die Türe gehören die drei Buchstaben CMB mit der Jahreszahl. Das ist ein Haussegen, mit dem man auf Gott vertraut. In Hamburg verwahrte sich ein Hausbesitzer dagegen, daß ein Mieter die Sternsinger CMB an die Türe schreiben ließ. In seinem Haus lasse er keine religiösen Bekenntnisse an der Wohnungstüre zu. Das störe den Hausfrieden. Ein Anwalt wurde eingeschaltet. In Hamburg dürften keine Kreuze in Schulzimmern und Gerichtssälen hängen, da dürfe auch das Bekenntnis zum Glauben an Christus an der Haustüre keine Tolerierung erfahren. Als der Vorfall jedoch in die Schlagzeilen geriet, lenkte der Hausbesitzer ein. Ihm sei die Bedeutung der „Pinselei“ nicht bewußt gewesen.

Früher besserten die Ministranten mit den Spenden vom Dreikönigstag ihr schmales Entgelt auf. Man darf nicht vergessen, daß Ministranten früher wesentlich mehr können mußten und auch stärker beansprucht wurden, als dies heute der Fall ist. Und schmal ging es in den meisten Familien her. Ein paar Pfennige dazu konnte man schon brauchen. Meistens aber gab es Backwaren, Äpfel und Nüsse. Es soll auch vorgekommen sein, daß man den „Heiligen“ einen Schnaps oder Likör kredenzte. Wenn man es in mehreren Häusern so gut meinte, dann

wurde die Zunge allmählich schwer und die Füße wollten nicht mehr ganz so wie der Kopf.
Heute sammeln die Sternsinger nicht mehr für sich, sondern für arme Kinder in der Dritten Welt. Nur Schokolade und Süßigkeiten behalten sie, denn der Transport nach Afrika oder Südamerika wäre zu teuer. Am 6. Januar haben die Sternsinger wieder ihren großen Tag. Sie hoffen darauf, daß man sie gut aufnimmt, und vielleicht auch, daß ein wenig von der Heiligkeit der Könige auf sie selber abfärbt.

Das Bekenntnis an der Haustüre

Wie die Kreide an Dreikönig zur Liturgie kommt

Am Dreikönigstag wird neben Weihrauch, Salz und Wasser auch Kreide geweiht. Mit dieser geweihten Kreide schreibt man die Buchstaben C M B an die Haustür, dazu noch die Ziffern des neuen Jahres. Meistens werden die Buchstaben als Abkürzung der Namen der heiligen Dreikönige verstanden, aber eigentlich bedeuten sie einen Segenswunsch: „Christus mansionem benedicat" – „Christus möge das Haus segnen".
Die Kreide kommt in der Geschichte der Weisen aus dem Morgenland auch gar nicht vor. Weder hat der mit dem bösen Wolf des Märchens verwandte König

Herodes Kreide geschluckt, um seiner Stimme ein lieblicheres Gepräge zu geben, noch ist der Weg zum Stall von Betlehem mit Kreidezeichen markiert, so wie es die Bettler halten, um auf freigebige Häuser hinzuweisen oder vor ausgemachten Geizkrägen zu warnen. Und die Könige hatten es wirklich nicht nötig, beim Wirt anschreiben zu lassen, so daß sie „in der Kreide" gestanden hätten.

Die Kreide findet auch nur dieses eine Mal, am Dreikönigstag, eine liturgische Aufgabe, aber ein ganzes Jahr kann man es lesen, daß hier einer wohnt, der auf den Segen Gottes setzt. Früher hat man in den Kaufläden noch die Preise mit Kreide angeschrieben, und auch die Schulden ließen sich an einer Tafel ablesen. Die Wirte mahnten auf diese Weise die säumigen Zecher. Ob die am Dreikönigstag geweihte Kreide dafür wohl ausreichte? Denn man benötigte die Kreide ja auch im Stall. Die Namen der Kühe wurden fein säuberlich über ihre Futterplätze geschrieben, und wo hoffte man mehr auf Gottes Segen als beim Vieh?!

Die Kreide ist inzwischen von Bleistift und Computer abgelöst worden, nur in der Schule wird sie noch gebraucht, sofern Tageslichtprojektor und Fotokopierer nicht eingesetzt werden können. Vorbei ist die Zeit, in der ein Martin Luther mit großen Lettern auf seinen Tisch schrieb: „Baptizatus sum" – „Ich bin getauft." Der gleiche Doktor Luther verwandte beim Marburger Religionsgespräch, als es um die Frage ging, ob beim Abendmahl Christus wirklich gegenwärtig werde, gegen den Schweizer Reformator Zwingli ein Stück Kreide und schrieb auf sein Pult „Est“ – „Ist“. Luther grenzte sich damit gegen Zwingli ab, der das „Ist“ des Evangeliums nur geistig verstanden wissen wollte in dem Sinn von: „Das bedeutet meinen Leib“. So wie sich Luther mit seinem „Ich bin getauft“ gegen alle inneren Anfechtungen zur Wehr setze, bekannte er mit seinem „Ist“ seinen Glauben an die Gegenwart des Herrn, wenngleich nicht so entschieden wie die Kirchenväter des Konzils von Trient, die sowohl an der Wandlung von Brot und Wein in Jesu Fleisch und Blut festhalten wie auch an der Fortdauer der Gegenwart des Herrn im Sakrament.

Die Kreide mußte wieder herhalten, wenn Einquartierungen anstanden und wenn ausgerechnet wurde, wieviel man an das durchziehende Heer zu zahlen hatte. Es waren schwere Zeiten. Aber wissen wir stets, was im noch jungen Jahr alles auf uns zukommt, wenn wir mit der geweihten Kreide 19 C + M + B 02 an unsere Türen schreiben? Wir können nur bitten, daß Christus das Haus und seine Bewohner segnen möge – und unserer Welt Frieden und Eintracht beschieden sei.

Die stille Macht der Kerzen

Mariä Lichtmeß erinnert an das Licht zur Erleuchtung der Heiden

Bis zum Jahre 1912 war Mariä Lichtmeß ein Feiertag im Königreich Bayern und dies mit gutem Grund, denn der 2. Februar war Zahltag für die Knechte und Mägde. An diesem Tag entschied sich auch, ob man seinen Dienst in diesem Haus verlängerte oder sich nach einer neuen Stelle umschaute. Mit dem Jahreslohn in der Tasche stellte sich eine Hochstimmung ein und in den Wirtshäusern wurde zum Tanz aufgespielt.
Neben dem Jahreslohn wurden den Knechten und Mägden auch schön verzierte Wachsstöcke verehrt, die man morgens beim Hochamt hatte weihen lassen.
„Lumen ad revelationem gentium“ – „Ein Licht zur Erleuchtung der Heiden“, so hatte der Kirchenchor schon zum Beginn des Gottesdienstes nach einer uralten Choralmelodie gesungen. Es sind die Worte des greisen Simeon, als er das Jesuskind in seinen Armen tragen darf. Vierzig Tage nach Weihnachten, dem Fest der Geburt Christi, wird noch einmal auf das „Licht, das die Finsternis erleuchtet“, Jesus Christus, verwiesen. Damit endet die Weihnachtszeit endgültig. Die Christbäume werden entfernt und die Krippen abgebaut. Aber die an Lichtmeß geweihten Kerzen begleiteten den Christen durch das Jahr. Bis ins Frühjahr hinein brauchte man die

Wachsstöcke, um in der dunklen Kirche seine Meßandacht lesen zu können und im Spätherbst holte man sie wieder aus dem Kleiderkasten. Wenn die Wetter im Sommer heraufzogen, dann zündete man die Wetterkerze an und betete um Bewahrung vor Ungewitter und Hagelschlag.
Längst ist der 2. Februar kein Feiertag mehr und Knechte und Mägde besitzen Seltenheitswert. Man zündet bei den Gottesdiensten keine Wachsstöcke mehr an, und sogar der Festtag hat seinen Namen geändert. Statt „Mariä Lichtmeß" heißt es nun im Kalender „Darstellung des Herrn". Aber es ist das gleiche Evangelium, das seit dem 5. Jahrhundert an diesem Tag verkündet wird, und es werden immer noch die Kerzen geweiht. Am Altar brennen sie bei jedem Gottesdienst und keine elektrische Lampe kann ihre Symbolkraft ersetzen. Wie die Kerzenflamme emporsteigt, so soll sich das Herz der Beter zu Gott erheben. Wie diese Flamme erhellt und wärmt, so soll das Leben des Christen hineinwirken in die Welt. Wie die Kerze sich verzehrt, so soll sich der gläubige Mensch in der Liebe zu Gott und zum anderen verzehren.
Man behauptet zwar immer, der moderne Mensch habe den Sinn für Symbolik verloren, aber wie kommt es, daß vor den Bildern der Muttergottes stets neu Kerzen angezündet werden, jede mit einem Anliegen, mit einer Bitte, mit einem Dank? Wie kommt es, daß nicht nur an Allerheiligen auf den Friedhöfen Wachslichter entzündet werden?

Es sind Zeichen der Dankbarkeit und der Fürbitte. Welcher Beliebtheit sich Lichterprozessionen erfreuen, kann man an jedem Wallfahrtsort erleben. Es sind Glaubenskundgebungen und Friedensdemonstrationen.

Welche Wirkungen Kerzen haben, die aus den Kirchen hinaus auf die Straßen getragen werden, konnten wir als Zeitzeugen der Wende erfahren. Die „Mahnwachen“ in der DDR waren „Kerzenwachen“. Die Demonstrationszüge waren Lichterprozessionen, ganz gleich ob in Wilna oder Leipzig, in Ost-Berlin oder Bukarest. Kerzen begleiteten die sanfte Revolution gegen den Kommunismus. Kerzen erinnern an die Opfer von Mauer und Stacheldraht. Kerzen haben die Scheinwerfer an den Todesgrenzen und Gefängnismauern besiegt. Ein so unscheinbares christliches Symbol wurde zum Träger der frohen Botschaft: „Ein Licht zur Erleuchtung der Heiden.“

Die Fastenzeit

Die verkehrte Welt

Von den christlichen Wurzeln der Fastnacht

Man sagt dem Fasching heidnische Wurzeln nach, aber seine christlichen Wurzeln sind sehr viel deutlicher. Schon der Name Fastnacht oder Karneval zeigt, daß dieser ausgelassene Abschnitt im Ablauf eines Jahres durch die ebenso ernste Fastenzeit begrenzt wird. Dem behaglichen Schmausen folgt der Verzicht auf Fleischspeisen, den Tanzabenden die Betstunden.

Der Humor kam in der Kirche mal mehr, mal weniger zur Geltung. Die Bischöfe und ihre Synoden ermahnten die Geistlichen bei ihren Predigten größeren Ernst walten zu lassen, denn es gelte nicht lustige Geschichten zu erzählen, sondern das Wort Gottes zu verkünden. Trotzdem brach immer wieder die Lust zu spotten und zu scherzen durch.

Natürlich wußte man auch, wie wichtig das närrische Treiben für den seelischen Haushalt sein kann. Am Tag der „Unschuldigen Kinder" oder am Fest des heiligen Papstes Gregor war es in den Klosterschulen üblich, „verkehrte Welt" zu spielen. Die Jüngsten übernahmen das Regiment in Schule und Kloster. Die Letzten wurden auf diese Weise die Ersten.

Auch die sechs Tage vor dem Aschermittwoch haben etwas mit der „verkehrten Welt" zu tun, die besonders in den strengen Schulen der Jesuiten mit

Theaterspielen und Maskeraden begangen wurden. In sechs Tagen hat Gott die Welt erschaffen, und nun führt der Mensch vor, wie er vom glumpigen Donnerstag bis Faschingsdienstag die Welt auf den Kopf stellen kann.

Die Laster sind es, die Gottes Welt und seine Schöpfung ruinieren. Sie wurden aufs Korn genommen. In lustigen und nicht selten deftigen Versen führte man die Laster vor, die personifiziert in Tiergestalten auf die Bühne traten: die Hoffart und die Trägheit, der Geiz und der Neid, der Zorn und die Unmäßigkeit, nicht zuletzt die Wollust. Sie wollte man bekämpfen, aber das war kein leichter Kampf. Der träge Esel zeigte auf einmal, was in ihm steckt, und der gefräßige Bär wollte sich entsprechend austoben. Bei allem Scherz suchten die Jesuiten auch hier ihren Schülern und allen Fastnachtsfreunden eine Lehre zu erteilen.

Zum Fasching, zu dieser „verkehrten Welt" gehört von jeher die Verkleidung. Man möchte ein anderer sein. Männer schlüpfen in Frauenkleider und verstecken sich hinter Masken. Ebenso ist es umgekehrt. Wer denkt aber schon daran, daß der Narr in seinem buntscheckigen Gewand den Sünder darstellt, der das weiße Taufkleid von einst und seine kindliche Unschuld verloren hat? Der mittelalterliche Prediger Berthold von Regensburg weist auf diesen Zusammenhang hin.

Zum Narrengewand gehören auch die Schellen. Da der Faschingssonntag auf den Sonntag „Quinquagesima" trifft – 50 Tage vor Ostern – und bei der

Epistel früher immer das „Hohelied der Liebe" des hl. Paulus gelesen wurde, in dem es heißt: „Wenn ich mit Menschen- und mit Engelszungen redete, und hätte die Liebe nicht, so wäre ich ein tönendes Erz und eine klingende Schelle." Es läßt sich unschwer erkennen, daß der ein Narr ist, der keine Gottes- und Nächstenliebe besitzt.
Wie wenig sich in der „verkehrten Welt" des Faschings im Lauf der Jahrhunderte geändert hat, zeigt der Bericht eines Chronisten aus dem 16. Jahrhundert: „Den Karneval feiern sie mit solcher Ausschweifung, daß sie glauben, bei dieser Gelegenheit seien ihnen alle Torheiten erlaubt. Denn, von einer eigenwilligen Raserei beseelt, laufen sowohl Männer als Frauen mit scheußlichen Larven, und in ungewöhnliche Kleidung gehüllt umher … Nicht ohne Lebensgefahr nötigen sie sich zuweilen untereinander, gleich stark zu trinken, dadurch sie sowohl ihrem Leib als ihrem Beutel schaden."
Der Kölner Rat erteilte gar im 18. Jahrhundert ein „Vermummungsverbot" und beschränkte wegen allerlei übler Vorfälle den gesamten Karneval auf den Rosenmontag. Es war nicht die einzige Regierung, die gegen „Nachtgelage, Nachtsaufen und Mummerei" vorging, allerdings mit geringem Erfolg. In der „verkehrten Welt" muß die Obrigkeit ihre Rechte an andere Regenten abgeben.

In Sack und Asche Buße tun

Am Aschermittwoch geht es um Umkehr

Wenn am Aschermittwoch den Gläubigen Asche auf den Kopf gestreut wird oder ihnen ein Aschenkreuz auf die Stirn gezeichnet wird, dann betet der Priester: „Bedenke, Mensch, daß du Staub bist und zum Staub wieder zurückkehren wirst." Die Vergänglichkeit alles Irdischen soll dem Gläubigen vor Augen treten. Wie schnell kann alles, was man mühsam aufgebaut hat, in Schutt und Asche sinken. Wie plötzlich kann der Tod allen Zukunftsplänen ein Ende setzen. Ist der Fasching eine Zeit der Lebensfreude, so ist der Aschermittwoch das Signal, daß nun eine Zeit des Lebensernstes angebrochen ist. Wer den Tod vor Augen hat, bedenkt sein Leben und schmerzhaft wird ihm bewußt, wie oft er Gutes unterlassen und Böses getan hat. Umkehr tut not! Mit dem Aschermittwoch beginnen die Tage der Buße.

In den ersten christlichen Jahrhunderten erhielten die öffentlichen Büßer am Aschermittwoch das Bußgewand. Es war ein sackartiges Kleidungsstück aus Ziegenhaaren. Dieses schwarze, grobe und härene Gewand wurde entweder über dem Untergewand oder auf bloßem Leib getragen. Ein Büßer war auf diese Weise schon äußerlich zu erkennen. Darüber hinaus hatte er in der Kirche seinen Platz gleich bei der Türe, denn er durfte nur am Wortgot-

tesdienst teilnehmen. Nach Evangelium und Predigt mußte er das Gotteshaus verlassen. Er war somit nicht bei der eigentlichen Eucharistie mit Wandlung und Kommunion anwesend.
Die verschiedensten Verfehlungen wurden mit einer solch öffentlichen Buße belegt und je nach Schwere der Schuld dauerte sie Wochen, bei Mord sogar Jahre. Der öffentlichen Buße ging ein öffentliches Schuldbekenntnis voraus, bei dem die ganze Gemeinde um ihr fürbittendes Gebet angegangen wurde. Wer die Vergebung, die durch Handauflegung des Priesters geschah, erlangen wollte, mußte „in Sack und Asche Buße tun."
Diese Form der Buße hat biblische Vorbilder, etwa Judith und die Bewohner der Festung Betulia. „Alle Männer Israels aber flehten Gott inständig an und taten Buße unter strengem Fasten. Sie selbst, ihre Frauen und Kinder … streuten sich vor dem Herrn Asche auf das Haupt und legten Bußgewänder an." Oder als der Prophet Jona der Stadt Ninive Gottes Strafgericht androhte, „stand der König von seinem Thron auf, hüllte sich in ein Bußgewand und setzte sich in Asche." Jesus selbst spricht davon: „Wehe dir, Chorazin! Wehe dir, Bethsaida! Wären in Tyrus und Sidon die Wunder geschehen, die bei euch geschehen sind – man hätte dort in Sack und Asche Buße getan. Tyrus und Sidon wird es beim Gericht nicht so schlimm ergehen wie euch."
Als Herzog Liudolf von Schwaben, der sich gegen seinen Vater, Kaiser Otto I. den Großen, erhoben hatte, sah, daß sein Kampf verloren war, warf er sich

bei Sanfeld (Thüringen) dem dort zur Jagd weilenden, völlig überraschten Vater zu Füßen. Im härenen Büßergewand, mit bloßen Füßen, erflehte er die väterliche und königliche Verzeihung, die ihm der Kaiser auch gewährte.

Als Bischof Ulrich von Augsburg den Tod nahen fühlte, ließ er ein Aschenkreuz auf den bloßen Boden streuen, zog ein Bußgewand an und legte sich zum Sterben nieder. Er verschied als einer, der für seine Sünden in Sack und Asche Buße tun wollte, unter den Gebeten der anwesenden Priester und Mönche.

Bis herauf ins 19. Jahrhundert hören wir von Menschen, deren Streben nach Vollkommenheit auch darin seinen Ausdruck fand, daß sie – unerkennbar für ihre Umgebung – ein Bußgewand trugen, so wie es die öffentlichen Büßer der ersten Jahrhunderte tragen mußten.

Wir haben heute wenig Sinn mehr für solch leibliche Kasteiungen und öffentliche Bekenntnisse unserer Sündhaftigkeit. Einzig die Asche am Aschermittwoch erinnert uns an die Vergänglichkeit unseres Lebens und die Angewiesenheit auf Gottes Barmherzigkeit.

Verzicht wird kleingeschrieben

So änderte sich die Fastenzeit

Wenn man ehrlich ist, muß man sagen, die katholische Kirche hat die Bedeutung des Fastens für Körper, Geist und Seele in den letzten Jahren weitgehend vernachlässigt. Man spricht deshalb auch nicht mehr von der „Fastenzeit", sondern von der „österlichen Bußzeit". Der Schwerpunkt liegt bei der Werbung für die Hilfsaktion „Misereor", mit deren Spenden Hunger und Krankheit in der Welt gelindert werden. Da und dort wird von kirchlichen Organisationen zu einem „Autofasten" oder „Müllfasten" aufgerufen. Es ist eine evangelische Initiative aus Hamburg, die zu „7 Wochen ohne" aufruft und dabei auf ein großes Echo stößt.

Es wird gefastet, aber nicht mehr unter religiösen Vorzeichen, sondern um abzunehmen, um „abzuspecken", um zu neuen Selbsterfahrungen zu kommen, um zu protestieren. Die Kirche kennt nur noch zwei Fasttage, den Aschermittwoch und Karfreitag. Das ist alles, was von der 40tägigen Fastenzeit übriggeblieben ist, wie ein kleiner Gang durch die Geschichte zeigen soll, hier am Beispiel des Bistums Augsburgs.

Daß der Mensch nicht gerne freiwillig auf etwas verzichtet, ist bekannt und so suchte man zu Zeiten, als die Kirche noch strengere Fastengebote kannte, sich durch Dispense darum zu drücken. 1893 sollte in den Pastoralkonferenzen der Diözese Augsburg z.B. folgende Frage behandelt werden: „Es ist eine sehr auffallende Erscheinung, daß so viele Gläubige der Beobachtung des kirchlichen Fasten- und Abstinenzgebotes sich mehr und mehr zu entziehen suchen; Zeuge dessen sind die sich häufenden Dispensgesuche, die oft aus den seltsamsten Gründen motiviert werden wollen. Warum soll ein Seelsorger, unter Berücksichtigung der Zeitverhältnisse, dieser Gleichgültigkeit entgegentreten, und welche pastoralen Mittel stehen ihm diesbezüglich zu Gebote?" (Aus dem Amtsblatt des Vorjahres: 1892, Nr. 22).

Die Kirche hat sich in den letzten 100 Jahren gesellschaftlichen Entwicklungen weitgehend angepaßt. Im Fastenpatent von 1896 wurde erstmals erlaubt, daß an Abstinenztagen, abgesehen vom Karfreitag, tierische Fette zur Zubereitung von Speisen verwendet werden dürfen. Verschiedene Anfragen ließen seinerzeit den Augsburger Generalvikar Dr. Henle im Amtsblatt Nr. 3 noch genauer auf die Erleichterungen eingehen: „An den bezeichneten Tagen ist es gestattet, geschmolzenes, ausgelassenes und geronnenes Fett zu verwenden. Der Genuß von Fleischsuppen bleibt untersagt. Ferner ist während der Fastenzeit, auch an den Sonntagen, sowie an allen gebotenen Fasttagen des Jahres, an denen nur eine einmalige Sättigung erlaubt ist, der Genuß von Fleisch und Fleischspeisen bei derselben Mahlzeit verboten."

Im Fastenpatent von 1929 wird auf die durch Papst Pius XI. 1922 gewährten Milderungen verwiesen und folgendes angeordnet:

Fast- und Abstinenztage sind:
1) Der Aschermittwoch
2) die Freitage der 40tägigen Fastenzeit
3) der Karsamstag bis 12 Uhr mittags
4) die Freitage der Quatemberwochen.

Bloße Fasttage sind:
1) die übrigen Wochentage der 40tägigen Fastenzeit
2) die Mittwoche und Samstage der Quatemberwochen
3) die Vigiltage vor Weihnachten, Pfingsten, Mariä Himmelfahrt und Allerheiligen

1957 verweist der Augsburger Bischof Dr. Joseph Freundorfer auf die durch Papst Pius XII. 1955 gewährten Erleichterungen:

Fast- und Abstinenztage sind:
1) der Aschermittwoch
2) alle Freitage der Fastenzeit
3) der Vigiltag vor Maria Himmelfahrt
4) der 23. Dezember

Damit sind bereits viele Fasttage aufgehoben: Karsamstag, die Vigiltage vor Pfingsten und Allerheiligen, die Mittwoche und Samstage der Quatemberwochen, sowie die Wochentage in der Fastenzeit.
1963 sind auch die Freitage der Fastenzeit keine Fasttage mehr, und neben Aschermittwoch und Karfreitag wird noch der 7. Dezember als Vigiltag vor dem Fest Mariä Unbefleckte Empfängnis aufge-

führt und der Tag vor Weihnachten (24. Dezember bis 16 Uhr). 1966 bleiben nur noch Aschermittwoch und Karfreitag als Fast- und Abstinenztage.
Die Oberhirtlichen Anweisungen von 1963 verweisen darauf, daß alle Freitage des Jahres Abstinenztage sind. „An diesen Tagen ist jeglicher Genuß von Fleischspeisen untersagt. Eier und Milch, geschmolzenes Fett, Grieben, Kunstbutter sind dagegen erlaubt. Auch der Genuß von Fleischbrühe ist an allen Tagen mit Ausnahme des Karfreitags gestattet." Zwar waren Reisende, Kranke, solche, die am fremden Tisch aßen immer schon dispensiert, aber neuerdings läßt sich die Abstinenz von Fleischspeisen auch durch ein anderes „spürbares Opfer" halten. Man hat hier die Zeichenhaftigkeit unterschätzt und, wie Prof. Dr. Karl Forster klar erkannte, ein Stück katholische Identität aufgegeben.
Es sind die alternativen Bewegungen, die das Fasten und die Abstinenz, sowie ihre Bedeutung wieder entdeckt haben und zu einem Umdenken in der Gesellschaft führen. Es wäre eine Aufgabe der Pastoraltheologen und auch der Orden, in Theorie und Praxis Fasten und Abstinenz der Gemeinschaft der Gläubigen wieder in ihrer religiösen Dimension zu erschließen.

Eine Schlankheitskur für die Seele

Ein Fitneßprogramm für die Fastenzeit

Körperliche Fitneß lassen wir uns etwas kosten. Frühsport am Morgen, ein vitaminreiches Frühstück, ein kalorienarmes Mittagessen, abends nur einen kleinen Imbiß und einen ausgedehnten Spaziergang. Wir verzichten auf Kuchen und Schokolade, auf Bier und Zigaretten. Gelobt sei, was schlank macht! Gelobt sei, was fit hält!

Für die Fastenzeit möchte ich Ihnen gerne ein geistlich-religiöses Fitneßprogramm vorschlagen. Es sind drei Punkte zu beachten: Mehr – Weniger – Überhaupt nicht.

Manches muß *mehr* werden. Was für den Körper die Vitamine sind, das ist für die Seele das Gebet und der Gottesdienst, deshalb

1. Nehmen Sie sich Zeit zum Beten!
   Morgens, abends und beim Essen sollte man das Beten nicht vergessen.
2. Besuchen Sie öfter auch am Werktag den Gottesdienst!
   Jede hl. Messe stärkt unseren Glauben, vermehrt in uns die Gnade, wird zum Segen für Lebende und Verstorbene.
3. Gehen Sie den Kreuzweg!
   Man kann das Leiden Jesu gar nicht oft genug betrachten. Wer den Kreuzweg Jesu mitgeht,

wird in seinem eigenen Leid getröstet und lernt das Leiden der anderen mittragen.

Wie bei jedem Fitneßprogramm gehören auch zum geistlich-religiösen Fitneßprogramm ein paar Einschränkungen, also ein *Weniger.*

1. Weniger Fernsehen

   Wir vergeuden viel Zeit, wenn wir jeden Abend oder gar jede freie Minute vor dem Fernsehapparat sitzen. Viele Kinder sind geradezu fernsehabhängig und fernsehsüchtig. Wir brauchen Stunden der Stille. Wir brauchen das Gespräch in der Familie. Gönnen wir uns und der Familie einen fernsehfreien Tag!

2. Weniger aufwendig leben

   Ob wir unseren Kindern einen guten Dienst erweisen, wenn wir sie mit vollem Geldbeutel in die Schule schicken, damit sie sich ihr Pausenbrot selber kaufen? Ob wir uns beim Einkaufen nicht öfter fragen sollten: Brauche ich das wirklich? Müssen wir jeden Schritt mit dem Auto fahren?

Ein Fitneßprogramm fordert auch den Verzicht, das *Überhaupt nicht,* deshalb in der Fastenzeit:

1. Keine Süßigkeiten

   Vielen fällt es schwer auf Eis und Bonbons zu verzichten, nicht nach Schokolade und Pralinen zu greifen, aber wer sich überwindet, hat einen Sieg über sich selbst errungen.

2. Keine Zigaretten

   Für jeden Raucher ist es ein großes Opfer, mehr als einen Monat auf die geliebten Zigaretten zu verzichten. Nicht jeder bringt das fertig, aber selbst starke Raucher können sich hier beweisen, daß sie nicht süchtig sind.

3. Keine Tanzveranstaltungen
   Die Fastenzeit läßt uns an Jesu Leiden und Sterben denken, da schickt es sich nicht, daß man zum Tanzen geht.

Wenn die Kirchenväter von der Fastenzeit sprechen, umfaßt ihr Fitneßprogramm zur Vorbereitung auf das hohe Osterfest ebenfalls drei Punkte:

Fasten – Gebet – Almosen

Von Almosen war bis jetzt noch nicht die Rede, aber was tun wir mit dem gesparten Geld, weil wir weniger aufwendig leben, keine Süßigkeiten und Zigaretten kaufen, den Eintritt für die Diskothek sparen? Wir schenken es am Passionssonntag den Armen dieser Welt beim Misereor-Opfer.

Warum die Glocken läuten

Mariä Verkündigung – ein Angelpunkt der Heilsgeschichte

Ostern ist das höchste Fest der Christenheit, aber das innigste ist Weihnachten. Beide Feste gäbe es nicht ohne Maria und ihr Ja zum Willen Gottes. Genau neun Monate vor dem Fest der Geburt Christi feiert die Kirche deshalb das Fest Mariä Verkündigung.

Dieses Fest durchbricht den Ernst der Fastenzeit. Es trägt frühlingshafte Züge. Die jahrhundertelange Sehnsucht des Volkes Israel nach dem Messias und die ebenso lange dauernde Sehnsucht der ganzen Menschheit nach einem Erlöser naht sich der Erfüllung, als der Engel Gabriel bei Maria eintritt, um ihr zu sagen, daß Gott sie zur Mutter seines Sohnes erwählt hat. Das Kämmerlein Marias im Haus Nazareth wird zum Ort der Entscheidung. Maria kann es nicht fassen, was Gott von ihr erwartet. Sie fragt und sagt schließlich ihr Ja zum unbegreiflichen Willen Gottes: „Mir geschehe nach deinem Wort."
Als die Kreuzfahrer ins Heilige Land aufbrachen, um die Heiligen Stätten von den Arabern zu befreien, begegneten sie einer anderen Kultur und einer anderen Religion. Der Islam verpflichtet seine Gläubigen fünfmal am Tag zum Gebet. Damit niemand dieses Gebet vergißt, ruft es der Muezzin vom Minarett der Moschee. Dies erlebten die Kreuzfahrer. Sie waren davon beeindruckt. Sie fragten sich: Was ist für uns Christen so wichtig wie für den Muslim sein Bekenntnis zu Allah und seinem Propheten Mohammed? Es ist der Glaube an den dreifaltigen Gott und an die Menschwerdung seines eingeborenen Sohnes aus der Jungfrau Maria. Bei der Verkündigung Mariens wird dies alles ausgesagt: Gott der Vater bewirkt durch den heiligen Geist die Menschwerdung des Sohnes im Schoß der Jungfrau Maria.
Nicht fünfmal am Tag, sondern dreimal sollten die Christen sich zu dem einen Gott in drei Personen

bekennen und zum Glauben an die Menschwerdung des Gottessohnes. Aus wenigen Sätzen des Evangeliums wurde das Gebet formuliert: „Der Engel des Herrn brachte Maria die Botschaft und sie empfing vom heiligen Geist. Maria sprach: Siehe, ich bin die Magd des Herrn. Mir geschehe nach deinem Wort. Und das Wort ist Fleisch geworden und hat unter uns gewohnt." Nicht der Pfarrer oder ein Vorbeter lädt zu dem Gebet ein, sondern die Glocken. Dreimal am Tag verkünden sie die frohe Botschaft von der Menschwerdung Gottes. Am frühen Morgen, am Mittag und abends. Man nennt dieses Läuten auch das „Gebetläuten."

Mit dem Gebetläuten begann früher der Tag. Man hatte keinen anderen Wecker als die Glocken der Kirche. Mußte ein Bauer im Sommer schon früher sein Tagwerk beginnen, legte er beim Läuten der Glocken dann die Sense aus der Hand, nahm den Hut ab und betete den „Engel des Herrn". Zum Mittagessen versammelte sich die ganze Familie um den Tisch und der Vater betete vor. Alles klopfte sich an die Brust, wenn es hieß „und das Wort ist Fleisch geworden." Wehe dem Kind, das abends beim Gebetläuten noch nicht zu Hause war.

„Der Engel des Herrn" oder auch nach seinem lateinischen Anfang „Angelus" genannt, gliedert sich in drei Abschnitte, an die sich jeweils ein „Gegrüßet seist du, Maria" anschließt. Man hat später noch Gebete für die Verstorbenen hinzugefügt. Der „Engel des Herrn" ist so ein Bekenntnis zum dreifaltigen Gott und zur Menschwerdung des Gottessohnes Je-

sus Christus, er erinnert an die Schlüsselrolle Marias im Heilsgeschehen, und ermahnt, an die Vergänglichkeit der Welt zu denken.
Wenn der Muezzin vom Minarett zum Gebet ruft, dann bleibt der Verkehr stehen und die Arbeit in den Betrieben kommt zum Stillstand, alle wenden sich nach Mekka, um ihren Glauben zu bekennen, den Glauben an Allah und seinen Propheten. Wenn die Glocken zum Gebet läuten, geht das Leben der Christen weiter, als gelte das Geläut nicht ihnen. Viele wissen gar nicht mehr, warum die Glocken überhaupt läuten. Man hat das Beten verlernt und man ist dabei zu vergessen, daß es weder Weihnacht noch Ostern ohne das Fest der Verkündigung Mariens gäbe.

Palmzweige haben eine Botschaft

Am Palmsonntag wird Jesus als Friedensfürst gefeiert

Allenthalben werden in den Tagen vor Palmsonntag die Palmstöcke gebastelt. Das Brauchtum ist hierbei sehr unterschiedlich. Achtet man im einen Ort auf möglichst lange Stecken, müssen sie andernorts kunstvoll geziert sein. Dürfen hier nur Palmkätzchen verwandt werden, gehören dort Buchs

und Blumen mit dazu. Wenn gar noch bunte Eier die Stecken schmücken, dann sind aus den Palmstöcken regelrechte Palmbuschen geworden.
Die Palmen haben dem Sonntag vor Ostern seinen Namen gegeben. Freilich haben die Palmen im Orient ein anderes Aussehen als die Bäume, von denen wir unsere „Palmzweige" schneiden. Die echten Palmen, die in südlichen Ländern gedeihen, sind als Schattenspender ebenso gefragt wie als Obstbäume, denn sie tragen die Datteln, die ein Leckerbissen für alt und jung sind. Und wenn der Psalmist den Gerechten mit einer Palme vergleicht, die im Haus des Herrn gepflanzt ist und verkündet: „Gerecht ist der Herr. Mein Fels ist er. An ihm ist kein Unrecht" (Psalm 92), dann hat ihn die Schönheit des Baumes zu diesem Bild angeregt, denn auch im Hohenlied heißt es von der schönen Schulammit: „Wie eine Palme ist dein Wuchs." Die Gedankenverbindung des Psalmisten zwischen Palme und Tempel kommt nicht von ungefähr. Es war König Salomo, der den Auftrag gab, an allen Wänden des Tempels Kerubim, Palmen und Blütenranken hineinzuschnitzen. Das Heiligtum in Jerusalem wurde auf diese Weise geziert. Man könnte auch sagen, die Palmzweige erfuhren dadurch ihre Heiligung.
Der Einzug Jesu in Jerusalem auf einem Esel gestaltete sich, wie die Evangelisten überliefern, zum Triumphzug. Die Menschen breiteten ihre Kleider auf die Straße. Sie sangen und jubelten: „Hosanna dem Sohne Davids. Hochgelobt sei, der da kommt im Namen des Herrn. Hosanna in der Höhe." Sie ris-

sen Zweige von den Palmen und winkten Jesus zu. Alles war eine großartige Demonstration des Friedens. Das junge Eselchen, das noch kaum Lasten tragen konnte, brach fast unter seinem Reiter zusammen. Die Hufe setzten unsicher auf das Gewirr von Kleidungsstücken, Decken und Teppichen. Das Geschrei und der Gesang der Leute ließen das Eselchen eher scheuen als forsch voraustraben. Jesus zog nicht in den Kampf, das war unverkennbar. Jesus wollte den Frieden. Diese Botschaft wurde von den Leuten begriffen. Sie eilten nicht in ihre Häuser, um vor den Römern versteckte Waffen zu holen, sondern sie griffen nach dem Symbol des Friedens, dem Palmzweig.

Zur Zeit der Makkabäer hatte der Hohepriester Simeon dem König Demetrius II. einen goldenen Kranz und einen Palmzweig geschickt. Dies wurde als Friedensangebot verstanden und angenommen. Aber schon seit dem 3. Jahrhundert vor Christus haben die Römer siegreichen Soldaten Palmzweige zum Dank für den wiedergewonnenen Frieden geschenkt.

Der Palmzweig zeigt uns Jesus als König des Friedens. Wenige Tage später, am Karfreitag, wird er vor Pontius Pilatus bekennen: „Ich bin ein König, aber mein Reich ist nicht von dieser Welt." Der römische Landpfleger läßt noch ans Kreuz schreiben: „Jesus von Nazareth – König der Juden."

Wie eng Palmsonntag und Karfreitag zusammenhängen, der Friedensfürst auf dem Esel und der Leidensknecht am Kreuz, hat das gläubige Volk erfaßt, wenn es das Kreuz mit geweihten Palmzweigen schmückt. Jesus ist der Sieger am Kreuz, der den Tod, die Sünde und den Satan überwunden hat. Jesus schenkt der Welt den Frieden, wenn sie seine Botschaft hört und befolgt.

Der Abschied Jesu von Maria

Wie eine alte Volksweise die ganze Karwoche erklärt

Mit dem Palmsonntag beginnt die Karwoche. Sie ist der Höhepunkt des Kirchenjahres. Zahlreiche Bräuche verlebendigen das Geschehen jener Tage vom glanzvollen Einzug Jesu in Jerusalem bis hin zum Leiden und Sterben Jesu auf Golgotha. Am Ende aber steht die Osterfreude über die Auferstehung des Heilands mit dem Osteralleluja.
Eine alte Volksweise schildert ein Zwiegespräch zwischen Jesus und Maria, zwischen Mutter und Sohn: „Als Jesus von seiner Mutter ging und die große heilige Woche anfing, da hatte Maria viel Herzeleid, sie fragte den Sohn voll Traurigkeit: ‚Ach Sohn, du liebster Jesu mein, was wirst du am heiligen Sonntag sein?‘ ‚Am Sonntag werd ich ein König sein, da wird man mir Kleider und Blumen streun.‘ “
Dem Montag in der Karwoche gilt die nächste Frage der Mutter und Jesus antwortet: „Am Montag

bin ich ein Wandersmann, der nirgends ein Obdach finden kann." Die Volksweise verallgemeinert, denn bei aller Heimatlosigkeit gibt es immer auch Menschen, die Jesus aufnehmen. Im Evangelium dieses Tages wird an das gastliche Haus des Lazarus erinnert und die Salbung durch dessen Schwester Maria.

Maria fragt nach dem Dienstag: „Ach Sohn, du liebster Jesu mein, was wirst du am heiligen Dienstag sein?" „Am Dienstag bin ich der Welt ein Prophet, verkünde, wie Himmel und Erde vergeht." Jesus blickt auf die Stadt Jerusalem. Er weint über sie. Die Menschen haben nicht begriffen, was ihnen zum Heil dient. Jesus sieht den Untergang der Stadt und er sieht den Untergang der Welt vor sich.

Maria fragt weiter: „Was wirst du am heiligen Mittwoch sein?" Und sie erhält zur Antwort: „Am Mittwoch bin ich gar arm und gering, verkauft um dreißig Silberling." Der Mittwoch in der Karwoche hat auch den Namen „Judastag", weil Judas Iskarioth, einer der zwölf Apostel, bereit ist, Jesus dem Hohen Rat auszuliefern. 30 Silberlinge beträgt der Verräterlohn. In manchen Gegenden wird der „Judas" verbrannt. Eine Strohpuppe symbolisiert den Verräter Jesu. Mit ihm will man nichts zu tun haben.

Dem Gründonnerstag gilt die nächste Frage: „Ach Sohn, du liebster Jesu mein, was wirst du am heiligen Donnerstag sein?" „Am Donnerstag bin ich im Speisesaal das Opferlamm beim Abendmahl". Das zentrale Geschehen des Gründonnerstags ist nicht Jesu verzweifeltes Beten am Ölberg, auch nicht die

Verhaftung und der Judaskuß, sondern die Feier des letzten Abendmahles mit der Einsetzung der Eucharistie. In jeder heiligen Messe wird Jesus erneut zum Opferlamm, das die Sünde der Welt auf sich nimmt und auf Golgotha hinaufträgt.

Den Karfreitag möchte Jesus der Mutter ersparen. Ihrer gleichbleibenden Frage: „Ach Sohn, du liebster Jesu mein, was wirst du am heiligen Freitag sein?" antwortet Jesus: „Ach Mutter, ach liebste Mutter mein, könnt dir der Freitag verborgen sein." Doch dann fährt er fort: „Am Freitag, liebste Mutter mein, dann werd' ich ans Kreuz genagelt sein. Drei Nägel, die gehen mir durch Händ und Füß. Verzage nicht, Mutter, das Ende ist süß." Mit wenigen Worten beschreibt die Volksweise das ganze Drama des Todes Jesu.

Maria fragt weiter: „Ach Sohn, du liebster Jesu mein, was wirst du am heiligen Samstag sein?" „Am Samstag bin ich ein Weizenkorn, das in der Erde wird neugeboren." Der Karsamstag ist ein Tag der Stille. Er wird nur unterbrochen vom Rätschen der Ministranten. Jesus verwendet das Bild des Weizenkorns, um deutlich zu machen, daß der Tod nicht das Ende ist, sondern der Anfang von etwas Neuem. Mit dem Karsamstag enden die Fragen Mariens. Die Woche ist zu Ende. Zu Ende ist auch die Karwoche. Mit dem Sonntag beginnt die neue Woche. Maria erfährt nun von Jesus, daß weder sein Tod am Kreuz noch das Grab die letzte Station ist: „Und am Sonntag freu dich, o Mutter mein, dann werd ich vom Tod erstanden sein, dann trag ich das Kreuz mit der

Fahn in der Hand, dann siehst du mich wieder im Glorienstand." Die frohe Botschaft von der Auferstehung Jesu steht am Ende der Karwoche.
Die Volksweise lädt ein, die Karwoche mit Jesus zu erleben. In einfachen Worten wird erzählt, was sich ereignet hat, damit aus unbeteiligten Zuschauern mitgehende, mitleidende und mitfreuende Menschen werden. Es ist ein überzeugendes Beispiel für echte Volksfrömmigkeit.

Die Osterzeit

Das Vesperbild und der Karfreitag

Ein Bild des Schmerzes und des Trostes

Mutter und Kind gehören ein Leben lang zusammen. Der Tod eines Kindes trifft niemanden schwerer als die Mutter. Der Volksmund hat den Satz geprägt: „Ein Mann geht von der Seite, aber ein Kind vom Herzen." Maria muß den Tod ihres einzigen Kindes erleben. Sie steht unter dem Kreuz. Noch sterbend sorgt Jesus für die Mutter, indem er sie dem Apostel Johannes, seinem Lieblingsjünger, anvertraut.

Sieben Schmerzen

Mutter und Kind gehören ein Leben lang zusammen. Wir denken an die wunderbaren Krippendarstellungen, aber auch an die zahllosen Bilder und Figuren, die Maria mit dem Jesuskind auf dem Arm zeigen. Sie lassen uns manchmal vergessen, in welche Not der Sohn Gottes hineingeboren wurde. Simeon hat Maria vorhergesagt, daß der Schmerz ihre Seele durchdringen wird. Die Frömmigkeit nennt sieben solcher Schmerzen, um die Überfülle der Leiden, die der Mutter des Herrn beschieden waren, anzudeuten. Es sind dies neben der Weissagung des greisen Simeon: die Flucht nach Ägypten, der Verlust des Zwölfjährigen im Tempel, die Begegnung auf dem Kreuzweg, der Kreuzestod Jesu, die Abnahme vom Kreuz und die Grablegung.

Unter dem Kreuz

Die schwersten Stunden für Jesus waren gekommen, als das Todesurteil durch Pontius Pilatus verhängt war, und er den Weg zur Hinrichtungsstätte gehen mußte. Geschwächt durch die Geißelung, enttäuscht von seinen Jüngern, im Stich gelassen von allen Getreuen trug er das Kreuz nach Golgotha. Aber am Kreuzweg stand die Mutter. Sie litt mit ihm. Seine Schmerzen waren auch ihre Schmerzen. Seine Not wurde ihre Not. Und als sich die Nägel in seine Hände und Füße bohrten, erzitterte sie unter jedem Hammerschlag. Sie hielt aus. Sie brach nicht zusammen. Sie hatte den Mann verloren und nun verlor sie den Sohn. Hätte die Ausweglosigkeit einer Frau größer sein können? Maria hielt aus bis zum letzten Atemzug Jesu. Maria hielt aus bis zu dem Augenblick, als der Hauptmann den Tod des gekreuzigten Heilandes feststellte und er sein Begräbnis erlaubte. Man nahm Jesus vom Kreuz ab und legte ihn in den Schoß der Mutter. Ein ergreifendes Bild! In Maria erkennen sich alle Mütter wieder, die um ein Kind bangen, die ein Kind durch den Tod verloren haben. Maria wird in dieser Stunde zur Mutter der Schmerzen und zur Königin der Märtyrer. Das Wort aus den Klageliedern des Alten Testamentes trifft das abgrundtiefe Leid: „Ihr alle, die ihr des Weges zieht, schaut doch und seht, ob ein Schmerz ist wie mein Schmerz."

Die Pietà

Zu gleicher Zeit als Franz von Assisi († 1226) den Menschen das Geheimnis der Geburt Christi im Krippenspiel nahebringt, entstehen auch die frühesten Kunstwerke, die uns die Schmerzensmutter zeigen. Es sind sehr herbe Plastiken, die das Leid Mariens zur Sprache bringen und den Tod Jesu nicht verharmlosen. Der Schmerz der Mutter über den gefolterten und gekreuzigten Sohn weckt das Mitleid des Betrachters. Man sprach deshalb in Italien, dem Ursprungsland solcher Darstellung, von „Maria Sanctissima della Pietà" von der „heiligsten Maria vom Mitleiden". Maria leidet mit dem Sohn und der fromme Betrachter leidet mit der Mutter. Er spürt aber auch, daß diese Mutter mit seinen Nöten Mitleid hat und beim auferstandenen Sohn zu seiner Fürsprecherin wird.

Die Pietà haben Bildhauer und Maler, Schnitzer und Stuckateure als Motiv gewählt. Die Pietà fand ihren Platz in Kirchen und Kapellen, auf Friedhöfen und bei Prozessionen. Die Pietà eines Michelangelo gehört zu den großartigsten Kunstwerken dieser Erde. Ist nicht auch Ignaz Günther im 18. Jahrhundert eine ähnlich vollendete Pietà aus Stuckmarmor gelungen? Aber beide Kunstwerke haben nie den Rang eines Gnadenbildes erlangt, zu dem gläubige Menschen kamen, ihre Sorgen und Nöte brachten, ihre Kerzen anzündeten und ihre Blumen niederlegten, wie dies an nicht wenigen Wallfahrtsorten mit einem Bild der Schmerzensmutter der Fall war und ist.

Das Vesperbild

Spricht man in den romanischen Ländern von der Pietà, verwenden wir eher den Ausdruck „Vesperbild". Früher wurde die Karfreitagsliturgie immer am Morgen abgehalten, während am Nachmittag eine Andacht stattfand. Der Morgen hatte das Kreuz und den gekreuzigten Heiland zum Thema. Am Nachmittag galt die Betrachtung dem toten Heiland und seiner Mutter. Das Bild Mariens mit dem toten Sohn rückte in den Mittelpunkt. Man wählte für die Gebetsstunde die Zeit, in der die „Vesper" gebetet wurde. Von daher erhielt die Darstellung den Namen „Vesperbild". Es ist ein Bild, das zum Karfreitag gehört.

Die Söhne des heiligen Franziskus haben nicht nur die Krippenfrömmigkeit über die Alpen gebracht, sondern auch die Passionsfrömmigkeit. Die ältesten Darstellungen reichen ins 14. Jahrhundert zurück. Nur wenige sind noch erhalten. Der Wunsch nach kunstvolleren Plastiken brachte es mit sich, daß Künstler jeder Epoche sich mit dem Thema des Vesperbildes auseinandersetzten. Und wenn auch jede Pfarrei ihr Vesperbild hatte, so rückte es häufig nur am Karfreitag für wenige Stunden in den Vordergrund, um dann wieder an seinen bescheidenen Platz in der Kirche zurückzukehren.

Anders an den Wallfahrtsorten. Häufig war es so, daß das Bild der Schmerzensmutter in einem Bildstock zum Dank für ein erhörtes Gebet oder als Ausdruck eines großen Anliegens aufgestellt wurde. Beter fanden sich ein. Sie wurden erhört. Maria war ihnen

Fürsprecherin geworden. Sie erzählten anderen davon. Die Zahl der Beter mehrte sich. Eine Kapelle entstand und schließlich baute man eine Wallfahrtskirche.

Es gibt eine ganze Reihe von Marienwallfahrtsorten, die der Schmerzensmutter geweiht sind. Einer der bekanntesten ist „Maria Vesperbild" bei Ziemetshausen im bayerischen Schwaben. Der Oberstjägermeister der Markgrafschaft Burgau und Pfleger der Herrschaft Seyfriedsberg, Jakob von Saint Vincent, hatte unterhalb des Schlosses eine Feldkapelle mit dem Bild der Schmerzensmutter errichtet. Es war in den Jahren nach dem 30jährigen Krieg. Endlich war Friede. Man hatte Pest, Hunger und Krieg überstanden. Man war dankbar und hoffte auf eine bessere Zeit. Krankheit und Leid, Sorgen und Not fehlten auch später nicht. Der Tod setzte manchem Leben allzufrüh ein Ende. Zu wem sollte man gehen, um sich auszuweinen? Zu wem sollte man gehen, um Kraft zum Weiterleben zu finden? Zu wem sollte man gehen, wenn nirgends mehr Hilfe zu finden war? Man kam zur Mutter der Schmerzen. Man fand bei ihr, der Trösterin der Betrübten, Trost. Man fand bei ihr, der Helferin der Christen, Kraft und oftmals Hilfe. Das war damals so und es ist noch heute so. Aus der Feldkapelle wurde eine Wallfahrt. Aus einer kleinen Gebetsstätte wurde ein Gnadenort: Maria Vesperbild.

Mutter und Kind gehören zusammen. Maria und Jesus sind dafür ein Beispiel und ein Vorbild. Maria führt den Beter hin zu Jesus. Das Vesperbild ist ein

Bild der Mutterliebe, aber auch der Liebe Gottes zum Menschen. Mit dem Karfreitag endet die Heilsgeschichte nicht. Dem Karfreitag folgt der Ostersonntag, dem Tod die Auferstehung. Aus der Schmerzensmutter wird die Himmelskönigin. Manche Darstellungen deuten dies an, indem sie Maria eine Krone geben. Aller Schmerz dieser Erde findet einmal ein Ende. Alles Leid erfährt einmal seine Antwort. So betrachtet ist das Vesperbild ein Bild des Trostes und der Hoffnung.

Es darf gelacht werden

Zu Ostern gehört die Freude

Wir wünschen uns gegenseitig: „Frohe Ostern!" Die Freude, die von der Auferstehung Jesu ausgeht, muß Trauer und Angst vertreiben, so wie es auch die Frauen am Grab und die Apostel an sich erfahren haben. Jesus ist der Sieger über den Tod. Durch seine Auferstehung beginnt etwas neues in der Menschheitsgeschichte. Was Heidentum und Judentum erahnten, daß der Tod für den Menschen nicht das Ende bedeuten kann, sondern Durchgang zu einer anderen Seinsweise, das wird durch die Auferstehung Jesu offenbar. Jesus geht aber nicht in ein Reich der Schatten, sondern er kehrt heim zum Vater, nachdem er 40 Tage hindurch als Auferstandener die Apostel im Glauben stärkt, bevor er sie aussendet, um die frohe Botschaft in alle Welt zu tragen.

„Frohe Botschaft“ ist der Auftrag an die Apostel und alle, die seitdem den Glauben an Jesus Christus weitertragen. Frohe Botschaft ist die Menschwerdung Gottes ebenso wie die Erlösungstat am Kreuz. Frohe Botschaft ist der Auftrag: „Tut dies zu meinem Gedächtnis!“ und „Welchen ihr die Sünden nachlaßt, denen sind sie nachgelassen.“ Frohe Botschaft ist die Verkündigung der Bergpredigt und des Liebesgebotes. Frohe Botschaft ist aber in ganz besonderer Weise die Auferstehung des Herrn.

Um die Freude, die mit Ostern verbunden ist, auszudrücken, werden die Kirchen mit Blumen geschmückt und der Tisch zu Hause festlich gedeckt. Osterlämmer und Ostereier, Osterschinken und Osterzopf oder -fladen werden in der Kirche geweiht und nach Hause genommen. Eindrucksvoll wird damit die Zusammengehörigkeit von Leib und Seele betont, ebenso wie der Zusammenklang von Pfarrkirche und Hauskirche. Was gehört nicht alles zu Ostern! Der Jubel der Glocken beim Gloria, das festliche Alleluja und die freudigen Osterlieder.

Früher, aber das ist schon lange her, gehörte zu Ostern immer auch der „Risus paschalis“, das sogenannte „Ostergelächter“. Der Pfarrer hatte die Aufgabe in seiner Osterpredigt, die in der Regel eine Stunde dauerte, – in der Länge der Predigt kam auch die Bedeutung des Festes zum Ausdruck und Ostern ist das höchste Fest des Kirchenjahres –, eine

lustige Geschichte zu bringen, bei der die Gläubigen von Herzen lachen konnten. Mit dem Faschingsdienstag hatte das Lachen ein Ende gehabt, und nachdem man 40 Tage lang ernst und bußfertig gewesen war, durfte jetzt wieder gelacht werden. So erzählte der Pfarrer Albert Wilhelm Kagerer 1720 die Gruselgeschichte von einem faulen Handwerksburschen, der sich unbemerkt auf ein Bauernfuhrwerk schwang, auf dem ein Sarg stand. Wegen des regnerischen Wetters legte er sich in den Sarg. Nach einiger Zeit hob er den Sargdeckel, um den zu Tode erschrockenen Bauern zu fragen: „Regnet's noch?"
Alles lachte und der Pfarrer schloß seine Predigt: „Ihr wartet mit eurer Auferstehung gefälligst, bis ihr wirklich tot seid und der Weltenrichter euch sagen wird, ob ihr in der Hölle schmoren müßt oder im Fegfeuer hoffen dürft. Amen."
Schon Martin Luther nannte die allseits beliebten Osterschwänke ein „lecherlich geschwetz", trotzdem wird 1652 aus dem protestantischen Zwickau berichtet: „Welcher am Osterfest die närrischen Schnacken aff der Cantzel hat können fürbringen, dass die Leute nur sehr gelacht, der hat das beste Lob gehabt." Der eine blies die Backen auf und flötete „Kuckuck" ins Gewölbe, der andere blökte wie ein Schaf von der Kanzel herab. Dem Einfallsreichtum der Prediger waren keine Grenzen gesetzt, um die Gläubigen gleich welcher Konfession zum Osterlachen zu bringen.
Wem aber trotz allem nichts einfiel, der konnte auf Predigtvorlagen zurückgreifen wie etwa auf das Pre-

digtbuch des Bauernpfarrers Andreas Strobl (1641–1706) „Ovum paschale Novum oder neugefärbte Oster-Ayr“, in dem einhundert Ostermärlein zu finden sind. Da steht zu lesen: „Ich vermerke, daß einem oder dem anderen aus meinen geliebten Zuhörern schier ein Schläflein wollte zugehen, denn sie haben heunt Nacht, weil sie der schönen Solennität der Erhebung Christi aus dem Grab beigewohnt, ihren Schlaf unterbrochen. Damit sie nun aufgemuntert werden, will ich ihnen, wegen der Fröhlichkeit des heuntigen Tages und allgemeinen Brauch, ein feines Ostermärl erzählen, wie es einem Edelmann mit seinem ungetreuen Ehehalten ergangen.“ Daß da alle hellwach wurden und am Schluß kein Auge trocken blieb, kann man sich denken.

Ostermärlein rückten so in den Vordergrund, daß darüber die eigentliche frohe Botschaft von der Auferstehung Jesu in den Hintergrund trat. Die kirchliche Obrigkeit konnte dies nicht auf die Dauer gutheißen und so ist der Erlaß des Kurfürsten von Trier und Fürstbischofs von Augsburg, Klemens Wenzeslaus, aus dem Jahre 1774 verständlich, in dem er die Ostermärlein verbietet: „Da Ihro Churfürstliche Durchlaucht zu Höchstihrem nicht geringen Leidwesen theils selbst bemerkt, theils auch in Erfahrung gebracht haben, daß in dem Höchstdero Regierung anvertrauten Bisthume die so betitelten Ostermärchen annoch an sehr vielen Orten gehalten werden, wo von öffentlicher Kanzel das geheiligte göttliche Wort durch Vorbringen der ungereimtesten Possen strafbar entunehrt wird, ... wodurch in den Kirchen unanständiges Lärmen und verschiedene andere Ungeziehmmenheiten entstehen: also haben Höchstdieselben befohlen, daß diese Mißbräuche in allen Kirchen des Bisthums, wo sie bisher üblich waren, in Zukunft bei Vermeidung schärfsten Einsehens und unausbleiblicher Bestrafung für allezeit unterlassen werden sollen." Dies war das Ende der Ostermärlein. Dies war auch das Ende des „Risus paschalis" – des Ostergelächters in der Kirche. Erst in unserer Zeit suchte man das Lachen wieder in die Kirche zurückzuholen, aber so ganz einfach ist die Gratwanderung zwischen dem frohen Lachen der Kinder Gottes und dem billigen Possenreißen nicht. Vielleicht liegt es auch daran, daß man Freude nicht „machen", nicht befehlen kann. Aber man kann sich Freude wünschen.

Der Osterhase ist mehr als ein Frühlingsbote

Auch der Osterhase will die Auferstehung Christi verkünden

Das Osterfest ist das höchste aller christlichen Feste. Jesus lebt. Christus ist von den Toten auferstanden. Das ist die frohe Botschaft von Ostern. Das Osterfeuer, die Osterkerze, das Osterlamm, die Ostereier gehören zu Ostern. Sie sind sprechende

Zeichen für die Auferstehung des Herrn. Wie aber steht es mit dem Osterhasen?
Man könnte den eierlegenden Osterhasen schnell an der Kirchentüre abfertigen und ihm bedeuten, daß er so viel mit Ostern zu tun hat wie der Weihnachtsmann mit Weihnachten. Es wird doch niemand behaupten wollen, der Weihnachtsmann verkünde die Geburt Christi. Seine einzige Aufgabe besteht darin, Geschenke zu bringen. Wer sich freilich mit dem Brauchtum auskennt, der weiß um die nahe Verwandtschaft des Weihnachtsmannes mit dem heiligen Bischof Nikolaus. Findet sich für den Osterhasen, der eierlegend durch Wald und Flur streift, eine ähnliche fromme Beziehung?

Hat der Osterhase einen heidnischen Ursprung?
Die Volkstumsforscher haben in den 30er Jahren des 20. Jahrhunderts behauptet, Ostern sei das Frühlingsfest der Germanen gewesen und unter dem Schutz der Göttin Ostara gestanden. Ihr Wappentier sei der Hase. Man hat den heiligen Mönch Beda Venerabilis als Zeugen dafür angeführt, denn er hat im 7. Jahrhundert eine Geschichte der Angelsachsen aufgeschrieben und angeblich dort die heidnischen Ursprünge des Osterfestes festgehalten. Das paßte sehr gut in die Germanisierungsideologie der Nationalsozialisten. Der braune Osterhase konnte sich der uneingeschränkten Unterstützung der braunen Machthaber erfreuen. Vielleicht könnte er eines Tages vergessen lassen, daß Ostern tatsächlich im jüdischen Paschafest seinen Ursprung hat und an Ostern

die Auferstehung Christi gefeiert wird. Das Ziel war: Ostern zu entchristlichen. Man konnte sich keinen besseren Helfer vorstellen als den Osterhasen.
Die Volkstumsforscher fanden heraus, daß im 17. Jahrhundert Osterhasen am Oberrhein und im Elsaß für Kinder bunte Ostereier legten. Es ist die gleiche Gegend, in der auch der Christbaum seinen Ursprung hat. Durch die Reformatoren waren viele Bräuche verlorengegangen. Es gab weder die Segnung des Osterfeuers noch der Osterspeisen. Da hatte jemand die Idee mit den versteckten Nestern, in denen sich buntgefärbte Eier befanden. Auf die Frage: Wer sie dort hineingelegt habe, erhielten die Kinder zur Antwort: „Es war der Has.“

Der Hase ist ein christliches Symbol

Man wußte im 17. Jahrhundert noch, daß der Hase ein Symbol für die Auferstehung Jesu seit frühchristlichen Tagen war. Der abendländische Kirchenvater Ambrosius sieht im 4. Jahrhundert den Hasen als Zeichen der Auferstehung „wegen der mit der Jahreszeit wechselnden Färbung des Felles“. Inzwischen weiß man, daß es im heidnischen Götterhimmel keine Göttin Ostara gibt, und so scheidet der Hase als ihr Wappentier aus. Stattdessen entdeckte man auf altchristlichen Tonlampen, auf Gräbern und Mosaiken Darstellungen von Hasen.
Im Hasen fand der Christ seine eigene Existenz beschrieben, heißt es doch im Alten Testament: „Die hohen Berge sind des Menschen Zuflucht, und die

Steinklüfte die des Hasen." An anderer Stelle: „Hasen sind ein schwaches Volk. Dennoch legt es sein Haus in den Felsen." Auf den Felsen Petri hat Christus seine Kirche gegründet. Hier erfährt der Christ Schutz gegen alle Widrigkeiten der Welt und des Bösen. Der ängstliche Hase, der bei jeder Gefahr Reißaus nimmt, wird mutig angesichts des Felsen, in den er flüchten kann. Gerade in den Mosaiken der Taufkapellen taucht immer wieder das Motiv des Hasen auf. Ostern ist seit ältester Zeit der Tauftag schlechthin. Wer getauft ist, braucht keine Angst mehr zu haben. Er ist geborgen in allen Gefahren.

Später hat man den Hasen mit dem Sünder verglichen, der davonläuft, der alle möglichen Haken schlägt, aber am Ende doch Gott nicht auskann. Gerade in der Osterbeichte empfand sich der Gläubige dem verängstigten Hasen ähnlich, der sich in Gottes Erbarmen flüchtet. Der Hase soll dem Sünder Mut machen, sich von Gott finden zu lassen.

Immer aber sah man im Hasen ein Vorbild der Wachsamkeit. Bekanntlich schließt der Hase seine Augen nicht. Die Wächter am Grab verpassen die Auferstehung Jesu, weil sie schlafen. „Wachet und betet, damit ihr nicht in Versuchung fallt!" mahnt Jesus. Dies beherzigten die Christen, besonders die Mönche schon sehr früh. Sie beteten ganze Nächte hindurch, gerade vor einem Fest wie Ostern. Diese Wachsamkeit galt freilich dem wiederkommenden Herrn. Der Hase, den das Alte Testament noch den unreinen Tieren zuordnet, wird zum Mahner für christliche Wachsamkeit.

Der Hase in der Kunst

Schließlich darf man nicht übersehen, daß der Hase ein Tier mit langen Ohren ist und über ein sehr gutes Gehör verfügt. Der Christ soll gleichfalls ein aufmerksamer Hörer sein, denn wie der Apostel Paulus sagt, kommt der Glaube vom Hören. Im sogenannten „Dreihasenfenster“ des Paderborner Domes sieht man drei Hasen im Kreis laufen, deren Ohren das Dreifaltigkeitssymbol bilden. Der Künstler knüpft hier noch an eine andere Eigentümlichkeit des Hasen an. Da Hasen längere Hinterbeine als Vorderbeine haben, können sie schneller als andere Tiere den Berg hinaufkommen, deshalb sehen die Mönche in ihnen ein Vorbild für den Menschen, der aufwärts streben soll, um zu Gott zu gelangen. Tut er das nicht, dann ergeht es ihm wie dem Hasen, der beim Talwärtslaufen über seine kurzen Vorderbeine purzelt und zu einer leichten Beute für seine Feinde wird, in diesem Fall für den Satan. Aufwärtsstreben bedeutet nichts anderes als mit Christus auferstehen wollen.

Der Osterhase verkündet die Auferstehung Christi

Genau betrachtet ist der Osterhase mehr als ein Frühlingsbote. Auch er möchte die Freude über die Auferstehung Christi verkünden. Wer aber versteht die reiche Sprache der Symbolik noch, die unsere Vorfahren so meisterhaft beherrschten? Der Osterhase ist jedenfalls alles andere als eine Märchengestalt oder Witzfigur. Er möchte helfen, zum auferstandenen Heiland zu finden. Freilich muß man sich auf die Suche machen, wie die Frauen am Ostermorgen, die zum Felsengrab kamen und erfuhren: Der Herr ist auferstanden. Die versteckten Ostereier haben ebenfalls keine andere Botschaft als die eine: Jesus lebt.

Dem Osterfest verdanken wir den Sonntag

Die lange Suche nach dem richtigen Osterdatum

Mit der Auferstehung Jesu steht und fällt der christliche Glaube, daran läßt der Völkerapostel Paulus keinen Zweifel: „Ist aber Christus nicht auferweckt worden, dann ist unsere Verkündigung leer und euer Glaube sinnlos." So schreibt er im ersten Brief an die Korinther. Der Tag der Auferstehung des Herrn, der Sonntag, war deshalb von Anfang an für die Christen der wichtigste Tag der Woche. An ihm kamen sie zusammen, um zu beten, das Wort Gottes zu hören und das Brot zu brechen.

Der Sonntag wird Feiertag

Jeder Sonntag verkündet neu die Botschaft von der Auferstehung Jesu. Es dauerte jedoch lange bis der Sonntag ein arbeitsfreier Tag wurde. Erst Kaiser Konstantin der Große erließ im Jahre 321 ein Gesetz, das den Sonntag zum Feiertag im Römischen Reich erklärte. Nach Jahrhunderten der Verfolgung hatte das Christentum nicht nur die staatliche Anerkennung erhalten, sondern das Grunddatum des christlichen Glaubens, der Tag der Auferstehung Jesu, konnte nun Woche für Woche festlich begangen werden. Die Christen brauchten sich nicht mehr in aller Frühe zu versammeln, um dann nach der Feier des Gottesdienstes an ihre Arbeit zu gehen. Sie brauchten keine Angst mehr zu haben, daß die Geheimpolizei ihren Treffpunkt ausfindig machte und sie verhaftete. Sie brauchten keine Angst mehr zu haben, daß man sie vor Gericht stellte und sie das Martyrium erleiden mußten. Man betrachtete die Christen nicht länger als Staatsfeinde. Nichts zeigte den Wandel, der sich mit dem Mailänder Edikt von 313 vollzogen hatte, deutlicher als der Sonntag.

Jeder Sonntag ist ein kleines Osterfest. Jeder Sonntag erinnert daran, daß Jesus den Tod überwunden hat und beim Vater im Himmel ist. Der Sonntag ist nicht nur der erste Tag der Woche, sondern auch der achte Tag. In der Sprache der Symbolik kommt damit zum Ausdruck, daß mit der Auferstehung Jesu, daß mit Ostern eine neue Zeit angebrochen ist. Der Ostersonntag ist deshalb der höchste christliche Feiertag. Ist die Zeit vom Aschermittwoch bis Karsamstag Vorbereitung, so ist die Zeit vom Ostermontag bis Pfingsten der Nachklang zum Fest der Feste im Ablauf des Kirchenjahres. Während alle Christen den Sonntag heilig halten und ihn festlich begehen, feiern nicht alle Christen am gleichen Tag das Osterfest. Nie war man sich uneins darüber, daß der Sonntag, der Tag des Gedenkens an die Auferstehung des Herrn, kein Tag wie jeder andere ist, aber bereits im 2. Jahrhundert war man sich nicht mehr einig, wann das Osterfest zu feiern ist.

Wann ist Ostern?

In Alexandria und in Antiochia wurde Ostern immer zusammen mit den Juden am Paschafest gefeiert. Der 14. Nisan, der Tag des ersten Frühlingsvollmondes, bestimmte den Termin des Osterfestes. Ähnlich wie an Weihnachten traf Ostern jeweils auf einen anderen Wochentag. In Rom dagegen feierte man das Osterfest am Sonntag nach dem 14. Nisan, denn „man darf das Geheimnis der Auferstehung des Herrn von den Toten an keinem anderen Tag feiern als am Tag des Herrn."

Im Jahre 155 kam der hochbetagte Bischof von Smyrna, Polykarp, nach Rom, um mit Papst Anicet über den richtigen Ostertermin zu sprechen. Bischof Polykarp war eine ehrfurchtgebietende Gestalt, denn er hatte noch den Lieblingsjünger Jesu, den Apostel Johannes, gekannt. Trotzdem konnte auch er den Nachfolger des heiligen Petrus nicht davon überzeugen, Ostern am 14. Nisan zu begehen. Man schied friedlich voneinander, aber man war zu keiner Einigung gelangt. Einer respektierte den anderen und auch die Gründe, die zu der unterschiedlichen Praxis führten. Es wäre für Polykarp auch schwierig gewesen, den kleinasiatischen Gemeinden in der heutigen Türkei klarzumachen, daß Ostern nicht mehr am Paschatag, sondern erst am darauffolgenden Sonntag gefeiert werden soll, denn sie rechneten mit der baldigen Wiederkunft Christi, die ihrer Überlieferung nach nur an einem Paschafest erfolgen konnte.

Der Osterfeststreit

Wegen der unterschiedlichen Auffassungen zwischen Rom und den Patriarchaten des Ostens über das richtige Osterdatum kam es schließlich zu einer harten Auseinandersetzung.

Papst Viktor (189–198) forderte alle Bischöfe auf, sich dem Termin der römischen Kirche am Sonntag nach dem 14. Nisan anzuschließen. Eine Reihe von Synoden, auch der Patriarchate des Ostens, hatten sich bereits für die römische Lösung ausgesprochen, so daß der Papst zu dem Schluß kam, es bedürfte nur eines Schreibens des Bischofs von Rom, um die Einheit unter allen Bischöfen und Christen herzustellen. Dies erwies sich als Trugschluß.

Der Sprecher der kleinasiatischen Bischöfe erwiderte dem Papst, daß sie aus vielerlei Gründen beim 14. Nisan blieben, und er schloß sein Schreiben mit der Berufung auf das Evangelium: „Ich habe die ganze Schrift gelesen. Ich lasse mich nicht durch Drohungen in Schrecken setzen. Größere als ich haben gesagt: Man muß Gott mehr gehorchen als den Menschen." Papst Viktor hatte alle, die am 14. Nisan festhielten, mit dem Ausschluß aus der Kirchengemeinschaft bedroht. Er wollte die Einheit unter den Christen herstellen, aber Bischof Irenäus von Lyon, der die Verhältnisse im Osten besser kannte, beschwor den Papst inständig, es nicht zum

Bruch kommen zu lassen. Erst die Synode von Arles im Jahre 314 zog einen Schlußstrich unter den Osterfeststreit und legte endgültig den Sonntag als Ostertag fest.

Wer kann besser rechnen?

Wenige Jahre später, beim Konzil von Nicaea im Jahre 325, befaßte man sich erneut mit dem Osterdatum. Zwar stand nun fest, daß Ostern nur an einem Sonntag gefeiert werden kann, aber die Astronomen der Gelehrtenstadt Alexandria kamen zu einem anderen Termin als die Astronomen in Rom. Es war nicht ganz leicht, den Mondmonat Nisan im Sonnenjahr unterzubringen. Eine jüdische Kalenderkommission rechnete nach geheimen Regeln den Termin für das Paschafest aus, diesen Rechenkunststücken wollten sich die Christen nicht länger anschließen, zumal es vorkam, daß in einem Jahr zweimal das Paschafest begangen wurde.

Kaiser Konstantin schrieb an die Konzilsväter: „Weshalb folgen wir den Juden, die sich im Irrtum befinden? Es wäre ein Frevel in einer so wichtigen Frage im Zwiespalt zu sein. Denn nur einen Tag hat unser Heiland hinterlassen.“ Das Konzil kam zu einer salomonischen Entscheidung. Die Astronomen von Alexandria sollten alljährlich dem Bischof von Rom in einem Osterfestbrief das richtige Datum mitteilen. Der Papst solle ihn überprüfen und den Termin nach eingehenden Beratungen an die ganze Christenheit weitergeben. Leider war man in Rom mit den alexandrinischen Daten oft nicht einverstanden, so daß es doch zu verschiedenen Terminen kam, denn das Patriarchat von Alexandria traute den eigenen Professoren mehr als jenen von Rom. Mehrfach einigte man sich auf Synoden über das Osterdatum, aber erst im 6. Jahrhundert gelang es zu der bereits vom Konzil von Nicaea beschlossenen Regelung zu finden: Alexandria rechnet den Termin aus und der Papst teilt ihn mit, nun allerdings ohne eigene Berechnungen anzustellen.

Ein neuer Kalender bringt neue Schwierigkeiten

Trotz der Spaltung zwischen Rom und der Ostkirche im Jahre 1054 war das Osterfest ein Band der Einheit unter den Christen. Als aber Papst Gregor XIII. im Jahre 1582 eine Kalenderreform durchführte, waren die Ostkirchen nicht bereit, die Zeitverschiebung mitzumachen. Sie behielten den Julianischen Kalender bei, so daß seitdem das Osterdatum der orthodoxen Kirchen fast immer von dem des Westens abweicht. Auf dem Zweiten Vatikanischen Konzil wurde 1963 erneut ein Vorstoß gemacht, um weltweit zu einem einheitlichen Termin zu kommen. Man schlug den 8. April vor. Die UNESCO griff den Vorschlag auf und unterstützte ihn. Aber man wird bezweifeln dürfen, ob es je so weit kommen wird.

Aber wenn man bedenkt, daß es fast zwei Jahrhunderte gedauert hat, bis alle Christen Ostern am Sonntag nach dem 14. Nisan gefeiert haben, daß es weitere drei Jahrhunderte gedauert hat, bis alle Christen am gleichen Sonntag das Osterfest begingen, dann wäre es vier Jahrhunderte nach der gregorianischen Kalenderreform nicht mehr zu früh, um zu einem einheitlichen Osterdatum zu finden.

Ein Symbol der Zusammengehörigkeit

Der Maibaum

Seit 1633 ist die Existenz des Maibaums aktenkundig, denn in der oberpfälzischen Polizei-Verordnung jenes Jahres wird nachdrücklich verlangt, dieses „unchristliche und unflätige Ding“ schnellstens wieder abzuschaffen. Dabei kannten schon die Römer den Brauch im Monat Mai, der seinen Namen von der römischen Göttin Maia hat, ihre Häuser zu Ehren der Tochter Jupiters mit Bäumen zu schmücken. Und schon lange bevor sich jene Polizei-Verordnung mit dem Maibaum beschäftigte, war es üblich, daß die Burschen „ihrem“ Mädchen ein mit bunten Bändern geschmücktes Birkenbäumchen vors Haus stellten. Seine „unchristliche“ Herkunft läßt sich freilich nicht leugnen. Der Hexenglaube des Heidentums spielt hier herein. So müssen die Hexen erst jedes einzelne Blättchen gezählt haben, ehe sie einem Menschen Böses antun können. Auch wird der Maibaum, der in der Mitte des Dorfes aufgestellt wird, entrindet und manchmal sogar

noch eingewachst, damit ihn die Hexen auf keinen Fall erklimmen können. Für das Schmücken des Baumes waren die Jungfrauen zuständig und sie durften den Tanz um den Maibaum eröffnen.
Mit der französischen Revolution bekam der Maibaum eine ganz neue Bedeutung. Man sah in ihm nicht mehr ein Zeichen des Lebens und einen Abwehrzauber, sondern er wurde zum Freiheitsbaum. In Frankreich erhielt jedes Dorf durch die Nationalversammlung den Auftrag, dem Vaterland einen Altar in Form eines solchen Freiheitsbaumes zu errichten. Dorthin sollten sich von nun an die Neuvermählten begeben und auch die Neugeborenen wurden zu dem Baum gebracht. Damit war die Weihe ans Vaterland vollzogen. Wenn auch die parareligiösen Handlungen und Vorstellungen diesseits des Rheins nur ein geringes Echo fanden, der Maibaum erlangte als Symbol für die Befreiung aus Fürstenknechtschaft und Kleinstaaterei große Bedeutung.
Heute ist von alldem nicht mehr viel zu spüren, weder Hexenaberglaube noch Vaterlandsbegeisterung spielen beim Aufstellen eines Maibaumes eine große Rolle. Der Maibaum ist wieder zum Symbol der Lebensfreude geworden und auch der Zusammengehörigkeit der Dorfgemeinschaft. Und wenn der Maibaum besonders hoch über das Dorf hinausragt, dann ist er der ganze Stolz des für das Aufstellen verantwortlichen Vereins. Auch kann man feststellen, daß die Maibäume immer noch schöner geschmückt und beispielsweise mit Handwerker- oder

Vereinssymbolen geziert werden. Da kann man schon verstehen, wenn ein Maibaum auch noch im Juni stehen bleibt. Daß hin und wieder ein Maibaum noch vor dem Aufstellen oder gleich an Ort und Stelle „zerkleinert“ wird, fördert zwar nicht die Freundschaft zwischen benachbarten Orten, wohl aber die Wachsamkeit der Maibaum-Verantwortlichen.

Der liebe Gott schaut aufs Herz

Maiandachten nach wie vor beliebt

Wenn man in alten Gottesdienstanzeigern blättert, stellt man fest, daß es früher keinen Sonntag ohne Andacht, keinen Festtag ohne Festandacht gegeben hat. In der Fastenzeit hatten die Andachten auch am Werktag ihren festen Platz: die Ölbergandacht, die Andacht vom Leiden Christi, die „Sieben Worte Jesu“ und vor allem die Kreuzwegandacht. Im Oktober, dem Rosenkranzmonat, und im Marienmonat Mai gehörte die tägliche Andacht zum Alltag des katholischen Christen.
Mit der Einführung der Abendmessen, die durch veränderte Lebensgewohnheiten bedingt war, verschwanden auch die abendlichen Andachten mehr und mehr aus dem religiösen Leben.

Die Maiandacht erfreute sich unter allen Andachten der größten Beliebtheit, und auch heute kommen jung und alt gerne – wenn auch nicht täglich, um die Mutter des Herrn zu preisen, ihr Lob zu singen und mit Maria auf Gottes Wort zu hören. In den herrlichen Melodien, die an Innigkeit ihresgleichen suchen, wird Gott gedankt für die Erwählung Mariens und Maria angerufen, unsere Nöte vor Gottes Thron zu bringen.

Es sind gerade die Marienlieder, die der Maiandacht ihr besonderes Gepräge geben. Ein reicher Schatz hat sich im Lauf der Jahrhunderte angesammelt, angefangen vom „Ave Maria" und dem „Salve Regina" bis hin zu Liedern, die in der Notzeit des Dritten Reiches entstanden sind, wie „Nun, Brüder, sind wir frohgemut".

Die tägliche Maiandacht gibt es wohl nicht mehr und selbst die feierliche Maiandacht mit Priester und Aussetzung des Allerheiligsten, mit Erstkommunikanten und Kirchenchor wird, verursacht durch den Priestermangel, nicht mehr in allen Pfarreien jeden Sonntag möglich sein, aber so wie sich in den kirchenfernen Weilern des Allgäus von jeher gläubige Menschen ohne Priester zu Andachten in ihren Kapellen zusammenfanden, so könnte man auch in den Pfarreien, wenn kein Priester zur Andacht kommen kann, miteinander beten und singen. Ließe sich nicht an den Tagen, an denen keine Abendmesse ist, weil der Pfarrer in einer anderen Gemeinde den Gottesdienst feiert, eine Andacht halten? Jede Pfarrei verfügt doch über Vorbeter, sei es der Mesner oder einer der Lektoren, und sicher findet sich ein Mutiger, der die Lieder anstimmt, sofern man keinen Organisten hat. Es wäre jedenfalls eine große Verarmung des religiösen Lebens, wenn die Andachten noch weiter abnehmen würden.

Gehören nicht gerade die Maiandachten mit den vertrauten Marienliedern zum kostbaren Gut der Erinnerungen an unsere Kindheit? War und ist es nicht ein Erlebnis, wenn alle mitsingen: die Jungen und die Alten, die Männer und die Frauen, die sicheren Chorsänger und jene, die völlig unmusikalisch sind, und nicht zuletzt die ganz Kleinen, die auf dem Arm der Mutter ihre ersten Singversuche machen? Um mit dem österreichischen Schriftsteller Heinrich Waggerl zu sprechen: „Der liebe Gott schaut nicht auf's Maul, sondern auf's Herz."

Jedes Wetter ist Gottes Wetter

Zum Wettersegen

Es beginnt zu regnen. Schirme werden aufgespannt. Auf einem himmelblauen Regenschirm steht zu lesen „Blödes Wetter". Dabei haben die Landwirte längst auf Regen gehofft und ebenso alle, die einen Garten haben. Blödes Wetter? Ist nur gut, daß der Mensch das Wetter nicht machen kann, sonst hätten wir noch mehr Streit auf der Welt.

Die einen wollen Schnee, damit sie Skifahren können, um sich zu erholen und zu entspannen. Mit ihnen einer Meinung sind alle, die am Wintersport verdienen: die Fremdenverkehrsorte, die Liftbesitzer, die Gastwirte. Die andern würden einen Winter ohne Schnee bevorzugen. Sie sehen nur die Last und die Gefahr. Wer räumt schon gerne Schnee? Wer fürchtet nicht verschneite Straßen?

Nicht anders ist es mit Sonnenschein und Regen. So sehr der Landwirt auf eine anhaltende Schönwetterperiode hofft, wenn er sein Heu einführen will oder das Getreide erntet, so sehr wünscht er sich den Regen, sobald er fertig ist. Der Urlauber sehnt sich nach sonnigen Tagen, und seinetwegen bräuchte es erst wieder zu regnen, wenn er zur Arbeit muß. Um auf Nummer sicher zu gehen, bucht er frühzeitig einen Flug in Zonen, die ihm Sonne garantieren. Den Herzkranken macht dagegen anhaltende Hitze zu schaffen, und sie sind nicht die einzigen, denen eine Hitzeperiode zusetzt. Sie wünschen sich ein Wetter, das ihren Kreislauf nicht belastet.

Manche freilich jammern beständig über das Wetter. Es ist ihr ständiger Gesprächsstoff. Ihnen geht die Haltung jenes Pfarrers völlig ab, der seine Ministranten beim Betreten der Sakristei jedesmal fragte: „Was haben wir für ein Wetter?“ Die Ministranten gaben zur Antwort: „Es regnet“. „Es wird schön“. Der Pfarrer meinte daraufhin: „Jedes Wetter ist Gottes Wetter.“ Die Ministranten gaben schließlich auf die Frage nach dem Wetter die gewünschte Antwort: „Wir haben Gottes Wetter.“

Das Wetter spielt im Leben des Menschen, nicht nur des Wetterfühligen, eine große Rolle. Die Kirche macht sich diese Sorge zu eigen und betet um gedeihliche Witterung. Vom Mai bis zum September wird der Wettersegen am Ende der heiligen Messe gespendet. Das Fest der Kreuzauffindung und das Fest der Kreuzerhöhung, der 3. Mai und der 14. September markieren den Zeitraum. Der Segen, der immer eine feierliche Form hat, wird mit dem Kreuzpartikel gegeben. In einem meist kostbar gefaßten Ostensorium bzw. Reliquiar befindet sich entweder ein Stücklein vom Kreuz Christi oder sehr viel häufiger ein Stücklein Holz, das an einer echten Kreuzreliquie berührt worden ist.

„A fulgure et tempestate" – „Vor Blitz und Ungewitter" möge uns der Herr Jesus Christus bewahren. Dies ist seit alter Zeit die erste Anrufung und auch die deutsche Neufassung hat die Bitte übernommen: „Er halte Blitz, Hagel und jedes Unheil von euch fern." Der Wettersegen ist zunächst nicht so sehr die Bitte um gutes Wetter, als vielmehr die Bitte um Bewahrung vor Unwetter. Die Angst vor Blitzschlägen, vor Naturkatastrophen, die mit Unwettern verbunden sind, steckt tief im Menschen und dies nicht ohne Grund. Auch wenn vor Jahren mancher gespottet hat: „Ich habe einen Blitzableiter. Ich brauche keinen Wettersegen", ist inzwischen auch diese Sicherheit geschwunden, denn alljährlich gehen Häuser in Flammen auf und dies trotz Blitzableiter.

Warum man zum Wettersegen einen Kreuzpartikel verwendet, hängt wohl mit dem Passionsbericht des Apostels und Evangelisten Matthäus zusammen, der von einer Finsternis spricht, die über das ganze Land hereingebrochen ist, nachdem Jesus gekreuzigt worden war. Beim Tod Jesu erbebte die Erde und die Felsen spalteten sich. Die Kräfte der Natur zeigen ihre Erschütterung über den unerhörten Vorgang. Das Kreuz aber steht, auch wenn der ganze Erdkreis erzittert: „Crux stat, dum volvitur orbis", davon waren schon die frühen Kirchenväter überzeugt.
Die Neufassung des Wettersegens bleibt nicht bei der Bitte um Verschonung vor Blitz und Ungewitter stehen, sondern es wird Gottes Segen auf Felder, Gärten und Wald herabgerufen. Die Zahl der Landwirte wird zwar immer weniger, aber das Bewußtsein für eine gesunde Umwelt wächst von Jahr zu Jahr. Die Bitte um den Segen Gottes für die Natur und die tägliche Arbeit bleibt aktuell.
Nehmen wir das Wetter, wie es kommt, es ist allemal „Gottes Wetter", aber versäumen wir nicht, den Segen Gottes für die Schöpfung und unser eigenes Wohlergehen zu erflehen, wie es beim Wettersegen geschieht.

Gute Mütter verändern die Welt

Zum Muttertag

„Gebt mir gute Mütter und ich werde die Welt verändern“, rief der heilige Augustinus seiner Gemeinde im nordafrikanischen Hippo zu. Allem Anschein nach war er mit seinen Müttern nicht ganz zufrieden. Er fand sie zu oberflächlich, zu wenig bemüht, ihren Kindern Glaube und Sittlichkeit zu übermitteln.
Die vornehmen Mütter seiner Zeit hatten ihre Ammen und Kindermädchen, denen sie die Kinder und damit die Erziehung überließen. Die armen Mütter waren den Launen und Ansprüchen ihrer Arbeitgeber ausgeliefert und konnten sich kaum um ihre Kinder kümmern. Mehr als das Notwendigste konnten sie ihnen nicht angedeihen lassen.
„Gebt mir gute Mütter und ich werde die Welt verändern!“ Damit meint der heilige Augustinus Mütter, die aus dem Glauben leben; Mütter, die ihre Kinder lieben; Mütter, die ihr Muttersein als heilige Aufgabe betrachten. Augustinus wird bei seinen Worten, in denen ein nicht zu überhörender Vorwurf steckt, an seine eigene Mutter, die heilige Monika gedacht haben. Ihr verdankte er alles: seine gute Ausbildung und seinen Glauben.
Wer war diese Monika? Verheiratet mit einem römischen Beamten, sah sie ihre größte Aufgabe darin,

ihrem Mann eine treue Gefährtin zu sein und ihrem Sohn eine gute Mutter. Sie litt sehr unter der religiösen Gleichgültigkeit ihres heidnischen Mannes und daß sich diese religiöse Gleichgültigkeit auch auf den hochbegabten Sohn vererbt zu haben schien. Was wollte sie dagegen unternehmen? Eine Frau hatte sich zur damaligen Zeit, im 4. Jahrhundert nach Christi Geburt, ganz dem Willen des Mannes unterzuordnen.

Als sie ihrem Bischof das Leid, das sie bewegte, schilderte, da tröstete sie dieser mit den Worten: „Ein Kind so vieler Tränen und Gebete kann nicht verloren gehen." Freilich zunächst schien wirklich alles verloren. Augustinus machte eine atemberaubende Karriere. In jungen Jahren war er bereits ein gefragter Professor der Rhetorik. Er schloß sich einer Sekte an und war ein ganz begeisterter Anhänger, bis er schließlich dahinter kam, daß die Spitzen der Sekte das Leben in vollen Zügen genossen, während sie den anderen Opfer und Verzicht als Weg zum Heil verkündeten. Diese Verlogenheit ließ ihn der Sekte den Rücken kehren und in den völligen Unglauben stürzen.

Unentwegt aber betete die Mutter für ihren Sohn und für ihren Gatten. Monika durfte es erleben, daß ihr Mann schwerkrank nach der heiligen Taufe verlangte. Augustinus, der inzwischen Professor in Mailand war und mit einer Freundin zusammenlebte, ließ sein Leben unbefriedigt. Eines Tages ging er in seinem Garten spazieren, da hörte er Kinder spielen, die einander zuriefen: „Tolle. Lege." – „Nimm und

lies!“ Und Augustinus schlug die Heilige Schrift, mit der er sich gerade beschäftigte, auf, und seine Augen fielen auf die Stelle: „Lege deinen alten Menschen ab mit all seiner Sündhaftigkeit und zieh den neuen Menschen an!“ Er wußte nicht, wie er das machen sollte, deshalb ging er in die Predigten, die im Mailänder Dom gehalten wurden. Dort hörte er Bischof Ambrosius. Nun war es ihm klar: Du mußt dich taufen lassen. Du mußt Jesus nachfolgen.
Er schrieb dies seiner Mutter Monika nach Nordafrika. Der Vater war gestorben. Nichts hielt die Mutter mehr. Sie kam nach Mailand. Sie erlebte einen neuen Augustinus: rücksichtsvoll, fromm, liebenswürdig. Der Bischof hatte wirklich recht gehabt, als er ihr tröstend gesagt hatte: „Ein Kind so vieler Tränen und Gebete kann nicht verloren gehen“. Monika ist kurz darauf gestorben. Sie hat es nicht mehr erleben dürfen, wie ihr Sohn Priester und Bischof geworden ist, aber durch ihr Beispiel und durch ihr Gebet hat sie ihrem Sohn alles geschenkt, was eine gute Mutter ihrem Kind mit auf den Weg geben kann.
„Gebt mir gute Mütter und ich werde die Welt verändern!“ Kann eine gute Mutter ihren Kindern mehr schenken als ihr gutes Beispiel und ihr Gebet – und können Kinder ihren Müttern mehr schenken als Dankbarkeit und ebenfalls ein Gebet?

Wallfahrten

In Gottes Namen unterwegs

Der Mai ist gekommen, die Bäume schlagen aus. Da bleibe, wer Lust hat, mit Sorgen zu Haus ..." Das Volkslied trifft genau die Stimmung. Im Mai zieht es jeden hinaus in Gottes schöne Natur. Selbst passionierte Autofahrer lassen ihr Fahrzeug stehen und machen einen Spaziergang. Radfahrer bevölkern die Straßen und Wanderer sind unterwegs.

Auch die Wallfahrer machen sich auf den Weg. Betend und singend wandern sie ihrem Ziel entgegen. Die einen pilgern nach Kevelaer, andere nach Andechs oder in die Wies, manche sogar bis zum Bruder Klaus nach Sachseln in der Schweiz. Jeder, der einmal dabei war, schwärmt vom Erlebnis einer solchen Wallfahrt. Vergessen sind die Blasen an den Füßen; vergessen Regen und Hitze; unvergessen bleiben die betende Gemeinschaft und die Stunden in froher Runde.

Nicht jeder ist den Strapazen einer solchen Fußwallfahrt gewachsen, aber es gibt ja auch nähergelegene Wallfahrtsorte. In aller Frühe geht es los, und nach einigen Stunden ist man am Ziel. Alle Sorgen und Nöte nimmt man hinein ins Gebet. Höhepunkt der Wallfahrt ist der Gottesdienst am Gnadenort. Man sucht Kraft für seinen Alltag, Trost in seinen Sorgen und mancher hat Grund zu danken, weil er Erhörung gefunden hat.

Zu einer Wallfahrt gehört immer auch das leibliche Wohl. Nicht umsonst befindet sich meist in unmittelbarer Nähe zur Wallfahrtskirche ein Gasthaus, in dem man sich stärkt, damit man dem Heimweg gewachsen ist.

Es hat Zeiten gegeben, in denen man die Wallfahrten unterbinden wollte. Die Reformationszeit hatte nichts übrig für solche „Werkfrömmigkeit". Als Kaiser Joseph II. 1780 die Regierung übernahm, suchte er ebenfalls die Wallfahrten einzuschränken, aber erst der bayerische Minister Montgelas brachte es zu Beginn des 19. Jahrhunderts fertig, das Wallfahrtswesen völlig zu verbieten. Wer zuwiderhandelte, wurde hart bestraft. Viele Wallfahrten kamen in dieser Zeit zum Erliegen.

Nicht nur staatliche Stellen suchten das Wallfahren zu unterbinden, auch Bischöfe und Pfarrer hatten ihre Vorbehalte. Der religiöse Tourismus wurde als „Fortlaufen aus der Pfarrei" bezeichnet. Wallfahrtstage waren die Wochentage. Am Sonntag nahm man den angestammten Platz in der eigenen Pfarrkirche wieder ein, und nach dem Gottesdienst warteten die Freunde und Bekannten auf einen kurzen Reise- und Erlebnisbericht. Die Patenkinder aber wurden mit einem Bildchen, einer Medaille oder gar mit einem Rosenkranz vom Wallfahrtsort beschenkt.

In den letzten Jahren hat das Wallfahren wieder größere Bedeutung erlangt. Nicht nur Jerusalem und Rom, Lourdes und Fatima sind die Ziele, sondern auch Wallfahrtsorte in Irland und Spanien, in Polen und Ungarn. Mit dem Flugzeug, dem Schiff und

Omnibus machen sich die modernen Pilger auf den Weg. Nach Altötting in Oberbayern oder in das schwäbische Maria Vesperbild kommen inzwischen ebenfalls Pilger aus halb Europa, wie sich an den Nummernschildern der Autos und Busse leicht ablesen läßt. Die Hauptwallfahrtstage sind heute Samstag und Sonntag. Auch große Wallfahrten werden so geplant, daß man möglichst wenig Arbeitstage vom Betrieb fortbleiben muß. Dies gilt auch für die Fußwallfahrten, die sich gleichfalls steigender Beliebtheit erfreuen.

Dabei darf nicht verkannt werden, daß gerade Fußwallfahrten nicht ungefährlich sind. So raste vor einigen Jahren ein Auto in eine Pilgergruppe, die nach Altötting unterwegs war. Der schreckliche Unfall, der Wallfahrer nach Andechs 1993 getroffen hat, machte die Gefahren erneut deutlich, die Fußgänger auf unseren Straßen drohen. Wallfahrer sind davon nicht ausgenommen.

Die Pilger des Mittelalters sangen: „In Gottes Namen wallen wir …“. Es hat auch damals nicht an Gefahren gefehlt. Krankheiten und Räuber bedrohten sie. Sie verstanden ihre Pilgerschaft als Gleichnis für ihr oft recht kurzes Leben. Auch die Wallfahrer unserer Zeit wissen sich in Gottes Hand. Die Bitte ist aber zu allen Zeiten die gleiche: Laß uns wohlbehalten an unser ewiges Ziel gelangen.

Heimkehr zum Vater

Christi Himmelfahrt – ein idealer Vatertag?

Vierzig Tage nach Ostern, so berichtet der Evangelist Lukas am Beginn der Apostelgeschichte, kehrt Jesus endgültig zum Vater im Himmel heim. Vierzig Tage durften die Apostel und Jünger des Herrn die Nähe des Auferstandenen unmittelbar erfahren. Immer wieder erschien er ihnen, sprach mit ihnen, aß mit ihnen. Sie konnten den Gekreuzigten, der vom Tode auferstanden ist, sehen. Sie durften ihn berühren. Jesus stärkt ihren Glauben, aber er gibt ihnen das Wort mit: „Selig, die nicht sehen und doch glauben."

Nun ist die Stunde des Abschieds gekommen, in der Jesus den Seinen nochmals das Kommen des Heiligen Geistes ankündigt und sie als seine Zeugen aussendet. „Als er das gesagt hatte, wurde er vor ihren Augen emporgehoben und eine Wolke nahm ihn auf und entzog ihn ihren Blicken" (Apostelgeschichte 1,9).

Die Barockzeit mit ihrer Freude an der theatralischen Darstellung ließ an Christi Himmelfahrt die Figur des Auferstandenen, die während der Osterzeit auf dem Hochaltar stand, „in den Himmel auffahren", indem man sie mit Stricken hinaufzog. Die Augen der Kirchenbesucher schauten wie einst die Apostel auf den Auferstandenen, der sich schließlich ihren Blicken entzog. Für solche „Spielereien" hatte die Aufklärung des späten 18. Jahrhunderts wenig

Verständnis und die Bischöfe verboten die Darstellung der Himmelfahrt Jesu auf diese Weise, bei der es sicher gelegentlich auch Mißbräuche gegeben hat. Geblieben ist das Auslöschen der Osterkerze nach der Verkündigung des Evangeliums. Die Osterkerze, die ja ein Symbol für den auferstandenen Herrn ist und in der Osternacht feierlich entzündet wurde, brannte 40 Tage hindurch bei jedem Gottesdienst und wenn am Himmelfahrtstag nach dem Evangelium ihre Flamme erlischt, ist dies auch ein sehr sinnfälliges Zeichen für den Heimgang Jesu zum Vater.

Seit einigen Jahren verbindet sich mit dem Fest Christi Himmelfahrt der sogenannte Vatertag. Nachdem der Muttertag in einem einzigartigen Siegeszug nahezu die ganze Welt erobert hat, lag es nahe, auch den Vätern einen Tag zu widmen. Warum man Christi Himmelfahrt dafür gewählt hat, wird wohl kaum religiöse Gründe gehabt haben, oder doch?

Im ganzen Leben Jesu ist eine innige Vater-Beziehung festzustellen. Der zwöfljährige Jesus sagt zu Maria im Tempel von Jerusalem: „Wußtet ihr nicht, daß ich in dem sein muß, was meinem Vater gehört?“ In seinen Predigten weist er immer wieder auf den Vater im Himmel hin. Das Gebet, das er die Jünger lehrt, beginnt: „Vater unser“. Am Ölberg betet er: „Vater, laß diesen Kelch an mir vorübergehen, aber nicht mein Wille geschehe, sondern der deine.“ Am Kreuz sind seine Worte: „Vater, in deine Hände empfehle ich meinen Geist.“ 40 Tage nach seiner Auferstehung kehrt er heim zu seinem Vater, „zu meinem Gott und eurem Gott.“

Alle Vaterschaft hat ihren Ursprung in der Vaterschaft Gottes. Von daher leitet sich die väterliche Autorität ab. Umgekehrt spielt das Vaterbild eine starke Rolle für das Gottesbild, das ein Mensch hat. Jeder weiß, welche Bedeutung der Vater neben der Mutter im Leben eines Menschen hat.

„Vom Vater hab ich die Statur,
des Lebens ernstes Führen,
vom Mütterchen die Frohnatur,
die Lust zu fabulieren."

So dichtete Goethe und zeichnete damit ein Bild seiner Eltern. Beide sind wichtig und keiner darf seine Rolle auf den anderen abschieben.

Daß der „Vatertag" noch nicht seine ideale Form gefunden hat, wird man kaum bestreiten können, denn was ist das für ein „Vatertag", an dem die Väter sich morgens gratulieren und beschenken lassen, um sich anschließend möglichst schnell aus dem Staub zu machen, weil sie diesen Tag nicht im Kreise ihrer Familie verbringen wollen, sondern sich stattdessen mit anderen davongelaufenen Vätern bei vollen Maßkrügen von der Last ihres Vaterseins erholen?

Der Vatertag könnte durchaus auch der Gewissenserforschung dienen nicht allein für die Kinder, was sie ihrem Vater schuldig geblieben sind, sondern auch für die Väter, ob sie sich bei aller unbestreitbaren Arbeitsbelastung nicht mehr Zeit für ihre Kinder nehmen sollten.

Vatertag ja, aber als Tag mit der Familie, als Tag für die Familie.

Vatertag ja, aber als Tag, an dem man Gott, dem himmlischen Vater für alles dankt und ihm um seinen Segen bittet. Eigentlich ist Christi Himmelfahrt ein idealer Vatertag, wenn man ihn richtig zu feiern versteht.

Das Feuer des Heiligen Geistes

Zum Pfingstfest

Das Brauchtum kennt das Osterfeuer und das Johannesfeuer, aber kein Pfingstfeuer. Dabei läge doch nichts näher, als gerade an Pfingsten ein gewaltiges Feuer zu entzünden, eine Art Freudenfeuer über die Herabkunft des Heiligen Geistes, denn „in Zungen wie von Feuer“ kam der Geist Gottes auf Maria und die Apostel herab.
Bei allem Bemühen, die Gläubigen das biblische Geschehen lebendig miterleben zu lassen, waren sich die Seelsorger selbst der darstellungsfreudigen Barockzeit darüber klar, daß das Feuer des Pfingstfestes mit dem Anzünden eines Holzstoßes nicht bewußt gemacht werden kann, denn dieses Feuer ist von anderer Art. Die Kunst tat sich leichter. Sie malte jedem der im Abendmahlsaal Versammelten eine kleine Flamme über den Kopf. Den Aposteln ging am Pfingsttag in dieser morgendlichen Stunde im wahrsten Sinn ein Licht auf.

Johannes der Täufer hatte das Pfingstereignis prophetisch angekündigt: „Nach mir wird einer kommen, der mit dem Heiligen Geist und mit Feuer taufen wird.“ Der Messias wird die Welt verändern. Daran besteht kein Zweifel. Jesus erweist sich als der verheißende und ersehnte Messias durch die Sendung des Heiligen Geistes. In der Pfingststunde erfüllt sich seine Verheißung: „Ich bin gekommen, Feuer auf die Erde zu werfen, und wie sehr wünschte ich, es wäre schon entzündet.“ Das Feuer des Heiligen Geistes verbrennt in den Aposteln ihre Mutlosigkeit und ihre Angst, gleichzeitig entzündet es in ihnen Glaubensfreude, die ihnen Mut macht, den Abendmahlssaal zu verlassen und schließlich sogar Jerusalem, um in alle Welt zu gehen und die frohe Botschaft von Jesus Christus zu verkünden.
Man erinnert sich an Mose, der Gott am brennenden Dornbusch begegnet ist, jenem Busch, der brannte und doch nicht verbrannte. Mose wurde berufen, sein Volk aus Ägypten herauszuführen. In der Flamme des Dornbuschs war Gott gegenwärtig. Hier offenbarte er seinen Namen. Hier erfolgte die Sendung des Mose.
Alljährlich an Pfingsten begeht das jüdische Volk das Fest der Gesetzesfreude zum Dank für die Zehn Gebote, die Gott am Sinai seinem Volk gegeben hat. Im Feuer stieg damals Gott vom Himmel herab und der Sinai hüllte sich in Wolken. Israel empfindet die Gebote als Geschenk Gottes. Sie sind ihm Wegweisung zu einem Leben nach dem Willen Gottes. Die Nähe Gottes erfuhr das Auserwählte Volk bei seiner Wü-

stenwanderung. In einer Feuersäule leuchtete die Gegenwart Gottes auf. Sie begleitete Israel.

Als Elija, der Prophet, gegen die Priester des Götzen Baal in einen heiligen Wettstreit trat, da offenbarte sich der Gott Israels als der wahre Gott, indem er Feuer vom Himmel fallen ließ, um das Opfer anzunehmen, während die Baalspriester vergeblich zu ihrem Gott flehten.

Für jeden frommen Juden, der den Bericht der Apostelgeschichte liest, verbindet sich mit den Worten „Zungen wie von Feuer" die Nähe Gottes. Die Kraft des Geistes verändert. Sie erfüllt mit Freude. Sie schenkt Mut. Diese Erfahrung machte Mose. Diese Erfahrung machte Elija. Diese Erfahrung machten Maria und die Apostel. Diese Erfahrung wurde vielen im Lauf der Geschichte geschenkt. Bei Hildegard von Bingen († 1179) lesen wir: „Ewigkeit ist Feuer, und das ist Gott. Kein verborgenes, kein schweigendes, sondern ein wirkendes Feuer." Johannes vom Kreuz († 1591) empfindet die heilige Messe „nicht nur als Feuer, das die Seele verzehrt und verwandelt in Liebe, sondern auch als Feuer, das aus ihr hervorbricht. Wenn diese Flammen auflodern, tauchen sie die Seele in unaussprechliches Glück und erfüllen sie mit göttlichem Leben."

Der Philosoph Blaise Pascal († 1662) hatte gleichfalls Gott erfahren dürfen. In seinem berühmt gewordenen „Memorial" schreibt er nach einem mystischen Erlebnis: „Feuer. Gott Abrahams, Gott Isaaks, Gott Jakobs, nicht Gott der Philosophen und Gelehrten. Gewißheit, Gewißheit. Empfindung, Freude, Friede."

Es ließen sich weitere Zeugen bis zur Gegenwart anführen, denen solche Gotteserfahrungen geschenkt wurden.
Sie werden nicht jedem zuteil. Wer aber getauft und gefirmt ist, auf dem ruht der Geist Gottes und der macht ihn, um mit Martin Luther († 1546) zu sprechen: „fröhlich, mutig, ja beflügelt ihn zu einer heiteren Dreistigkeit, nahezu im Schwung des Übermutes das Leben anzupacken und zu gewinnen."
Sollte man freilich auch Martin Luther nicht zustimmen können, dann empfiehlt sich das alte Gebet: „Komm, Heiliger Geist, erfülle die Herzen deiner Gläubigen und entzünde in ihnen das Feuer deiner Liebe!"

Das Erlebnis der Prozession

Fronleichnam ist zu Hause am schönsten

Bei der Ausschau nach Feiertagen, die abgeschafft werden könnten, ist immer wieder auch von Fronleichnam die Rede. Da dieses Fest jeweils auf den Donnerstag fällt, bietet es sich an, einen Kurzurlaub einzuplanen. Daß die Industrie darüber nicht gerade glücklich ist, kann man verstehen. Aber auch die Pfarreien klagen zunehmend, daß die Erstkommunikanten fehlen, oder der Kirchenchor nicht singen kann, weil viele in den Pfingstferien verreisen.

Manchen der Urlauber wird am Fronleichnamstag das Heimweh ankommen, denn so farbenprächtig die Prozession in Spanien ist, so groß die Beteiligung der Gläubigen in Polen, so herrlich die Trachten in Österreich, am schönsten ist es doch zu Hause. Gewiß, es ist ein Erlebnis, wenn man die Prozession auf dem Staffelsee oder in Innsbruck einmal gesehen hat. Es ist beeindruckend, wenn man die Prozession einer Domstadt in ihrer ganzen Vielfalt miterlebt, aber macht die Liebe, mit der zu Hause das Dorf geschmückt ist, nicht alles noch viel schöner?

Der berühmte dänische Naturwissenschaftler Niels Stensen erlebte 1666 in Livorno eine Fronleichnamsprozession. Als evangelischem Christen war für ihn dies alles völlig fremd. Am beeindruckendsten fand er nicht den Schmuck der Häuser, die festliche Kleidung der Prozessionsteilnehmer, die Kostbarkeit der Monstranz, sondern die tiefe Andacht der Gläubigen. Er war dadurch so tief bewegt, daß er sich fragte: „Entweder ist diese Hostie ein einfaches Stück Brot und dann sind diejenigen, die ihm eine solche Huldigung erweisen, einfach Toren – oder es enthält wirklich den Leib Christi, warum erweise ich ihm dann nicht die Ehre?" Für den berühmten Arzt wurde die Fronleichnamsprozession zur Wende seines Lebens. Mit der gleichen Intensität, mit der er sich bislang der Medizin gewidmet hatte, wandte er sich nun theologischen Fragen zu. Niels Stensen wurde katholisch, später Priester und starb 1686 als Weihbischof von Münster in Schwerin.

Niels Stensen hat es erfaßt. Das wichtigste an Fronleichnam ist der Leib Christi. Ihm, den im Sakrament gegenwärtigen Herrn, gilt der Schmuck der Häuser, das Spiel der Musikanten, das Gebet und der Gesang der Gläubigen. Die Straßen, auf denen die Menschen sonst den verschiedensten Zielen zustreben, werden zu Wegen, die zu Gott führen. Dort, wo sonst über alles mögliche geredet wird, spricht Jesus im Evangelium sein Wort. Vor allem aber wird Gottes Segen auf diese von tausendfachen Nöten heimgesuchte Welt herabgerufen.

Daß den Erstkommunikanten ein besonders bevorzugter Platz innerhalb der Prozession zukommt, versteht sich von selbst. Sie haben am „Weißen Sonntag" bekannt, daß sie an Jesus glauben, der im Sakrament des Altares gegenwärtig ist. Sie dürfen ihn empfangen, aber sie sollen nie vergessen, daß es der Herr der Welt ist, der bei ihnen einkehrt. Die Fronleichnamsprozession ist Ausdruck des Dankes für dieses Geschenk, gleichzeitig Mahnung, das Sakrament zu schätzen.

Würde der Fronleichnamstag aus dem Feiertagskalender eines Tages gestrichen, dann würde das zwar nicht das Ende der Prozessionen sein, denn sie lassen sich auch am Sonntag abhalten, aber es wäre eine Verarmung unserer Feiertagskultur und damit ein weiterer Schritt hin zur Säkularisierung unserer Gesellschaft.

Die Zeit im Jahr

Warum die Feuer brennen

Fest der Geburt Johannes des Täufers

Die Sommersonnenwende, die am 24. Juni eintritt, wurde von den Germanen, und nicht nur von ihnen, festlich begangen. Man entzündete auf Bergen und Hügeln Sonnwendfeuer. Es wurde getanzt und gesungen. Der Met floß in Strömen und der Tisch war reich gedeckt. Nur ungern wollten die christlich gewordenen Germanen auf diesen Feiertag verzichten.

Die Missionare konnten das verstehen. Der graue Alltag braucht festliche Höhepunkte, auf die man sich freuen kann. Der eintönige und karge Speisezettel weckte Sehnsucht nach einem Festmahl, das einem das Einerlei wieder leichter ertragen ließ. Wie aber konnten Fest und Feier besser verbunden werden, als wenn der Tag mit neuem Sinn erfüllt wurde? Bei der Wintersonnenwende am 24. Dezember wurde schon sehr früh das Fest der Geburt Christi begangen. Mit Christus war die neue Sonne erschienen, die der Welt Licht und Leben schenkt. Was lag näher, als sechs Monate zuvor das Fest der Geburt Johannes des Täufers zu feiern?

Johannes und Jesus stehen in einer ganz engen Beziehung. Maria ist bei der Geburt des Johannes dabei, den seine betagten Eltern Elisabeth und Zacharias als Geschenk Gottes betrachten. Dies bestimmt auch die für die Verwandtschaft überraschende Namenswahl. Johannes heißt zu deutsch „Gott ist gnädig“. Dieser Johannes wird zum Vorläufer Jesu. Er predigt in der Wüste. Er tauft am Jordan. Er ruft zu Umkehr und Buße auf. Er kündigt das Kommen des Messias an. Er weist auf Jesus, das Lamm Gottes, hin. Jesus seinerseits nennt Johannes den Größten aller Menschen und sieht ihn in der Rolle des Eljia, der nach alter Überlieferung dem Kommen des Messias vorausgeht.

Die Barockmalerei hat Jesus gerne als den wiederkommenden Herrn dargestellt. Christus thront auf dem Regenbogen. Zu seiner Rechten steht Maria, die Fürsprecherin, zur Linken Johannes der Täufer, der unablässige Mahner zur Umkehr. Es ist die Stunde des Weltgerichtes, an das die Kirchenbesucher erinnert werden sollen. Engel stoßen in die Posaunen. Sie führen die Verstorbenen zur Auferstehung des Leibes. Die Bilder wenden sich gegen die Vorstellung, daß alle gerettet werden. Wäre es so, dann hätte Johannes nicht predigen brauchen und erst recht nicht sein Leben aufs Spiel setzen müssen. Johannes ist der letzte Prophet des Alten Bundes. Er steht zwischen den Zeiten. Er sieht das messianische Zeitalter heranbrechen, in dem Gott den Messias sendet und seinen Geist ausgießt. „Ich taufe euch mit Wasser. Nach mir wird einer kommen, der mit Feuer und Heiligem Geist taufen wird.“ Johannes war der Rufer in der Wüste, von dem man wie von Eljia sagen konnte: Ein Mann wie Feuer.

Aus all diesen Gründen wurde das Fest der Geburt Johannes des Täufers auf den 24. Juni gelegt. Aus den

Sonnwendfeuern wurden Johannisfeuer, die im Alpengebiet noch heute abgebrannt werden. Zahlreiche Bräuche verbinden sich mit dem Fest des heiligen Täufers.

Burschen und Mädchen tanzen um das Feuer bis sie ganz erschöpft sind. Vor dem Erlöschen des Feuers wirft man den Kranz oder Blumenstrauß, den man zum Festtagskleid trägt, in die Glut und spricht: „Wie dieser Kranz mög all mein Mißgeschick verbrennen und in nichts zerfallen." Der Sprung über das Johannisfeuer sollte auch künftigen Verbindungen von Segen sein. Wenn sich Paare beim Sprung durch das Feuer nicht losließen, so war das ein gutes Zeichen und deutete auf eine Hochzeit. In manchen Gegenden beteten die Teilnehmer, wenn das Feuer am Erlöschen war, den „Engel des Herrn", der eine Verbindung zwischen der Geburt Johannes des Täufers und der Geburt Christi darstellt.

So fromm ging es jedoch nicht immer zu, denn wenn man die Predigt eines Kapuziners aus dem 18. Jahrhundert liest, dann kann man verstehen, daß weltliche und geistliche Obrigkeit um 1780 die Johannisfeuer mehr oder weniger verboten haben. Der Prediger wettert gegen dieses „erschröckliche Sonnenwend-Feuer", das in Wirklichkeit ein „Venus-Feuer" sei. Er schildert die Teilnehmer und läßt nur wenig gutes an den „losen, faulen Buben, die weder in die Werkstatt noch in die Kirchen gehen." Er warnt die Mädchen: „Wehe dir, unschuldig Seel, wann dich ein solcher Funcken ergreifet."

Man wird dem Kapuziner recht geben müssen, daß Johannes der Täufer gewiß nicht der rechte Patron für solch ausgelassenes Treiben ist, aber man weiß eben nie im voraus, wie sich eine gute Idee im Lauf der Zeit und je nach Ort und Umständen entwikkelt. Heidentum und Christentum, Aberglaube und Brauchtum haben den 24. Juni geprägt, das läßt sich nicht leugnen.

Kräuterbuschen oder Blumenstrauß?

Zum Fest Mariä Himmelfahrt

Als ein Pfarrer an Mariä Himmelfahrt die vielen bunten Sträuße sah, die man rings um den Altar niedergelegt hatte, um sie dort weihen zu lassen, meinte er etwas unwirsch: „Das ist eine Kräuterweihe und keine Blumensegnung!" Allerdings dürfte es gar nicht so leicht sein, genau zu unterscheiden, welche Pflanzen heilkräftig sind und welche nicht, denn in alten Beschreibungen werden 99 verschiedene Gewächse genannt, die man am Frauentag zur Kirche bringen kann.

Das Fest der Aufnahme Mariens mit Leib und Seele in den Himmel am 15. August, der „hohe Frauentag", lenkt den Blick des Christen zum Himmel, ohne die Bodenhaftung zu verlieren. Maria hat das

Ziel erreicht, wir Christen sind noch unterwegs. Krankheit und Leid sind häufige Begleiter des Menschen. Maria hat es an sich selbst erfahren. Auf ihre mütterliche Hilfe vertrauten unsere Vorfahren. Sie taten es nicht ohne Grund.

Zu Mariä Himmelfahrt brachten sie den „Kräuterbuschen" zur Weihe in die Kirche. Von Generation zu Generation wurde überliefert, welche Pflanzen hineingebunden werden sollen und damit unbedingt zur Hausapotheke gehören. In der Regel bilden sieben oder neun Kräuter den Buschen. Nie darf die Königskerze fehlen, die auch den Namen Frauenkerze trägt. Sie galt als Wetterkerze, denn sie sollte das Haus vor Blitzschlag bewahren. Sicherer belegt ist ihre Wirkung bei Husten und Bronchitis, bei Schlaflosigkeit von Kindern und Hautentzündungen.

In den Kräuterbuschen kommen Johanniskraut und Tausendguldenkraut, Kamillen und Schafgarben, Ringelblumen und Baldrian, Hafer und Roggen. Damit hätten wir neun Kräuter. In der Mitte des August erreichen die Heilpflanzen ihre höchste Wirkkraft, deshalb sollen sie in dieser Zeit gepflückt und getrocknet werden. Der Segen Gottes, der bei der Kräuterweihe auf sie herabgerufen wird, steigert noch ihre heilkräftige Wirkung.

Das Johanniskraut hilft bei Magen- und Darmschwierigkeiten, neuerdings auch bei Depressionen, allerdings muß man während der Anwendung die Sonne meiden. „Montezumas Rache", die viele Fernreisenden zu spüren bekommen, kann durch

Johanniskrauttee gelindert werden. Zum Tausendguldenkraut rät Pfarrer Sebastian Kneipp bei hohem Fieber, während Kamille ein sehr vielseitiges Heilmittel ist. Es heilt Verletzungen und Entzündungen, es bringt Blähungen und Magenkrämpfe zur Ruhe. Die Schafgarbe vertreibt Bauchweh und Appetitlosigkeit. Zu ihr greift man bei Leber- und Gallenleiden. Ein altes Sprichwort sagt: „Schafgarbe im Leib, hilft jedem Weib", es bringt damit zum Ausdruck, daß diese Pflanze bei allen möglichen Frauenbeschwerden heilende Kraft besitzt.
Die Ringelblume bekämpft Brechreiz und Würmer. Als Salbe läßt sie Schwellungen abklingen. Entzündungen der Venen und der Krampfadern werden mit Ringelsalbe erfolgreich behandelt. Die beruhigende Wirkung, die vom Baldrian ausgeht, ist allgemein bekannt. Die beiden Getreidearten Hafer und Roggen sind nicht nur Nahrungsmittel, sondern auch Heilmittel. Der Hafer wird bei Asthma, Roggen bei Verkalkung und hohem Blutdruck empfohlen.
Man sagt, gegen jede Krankheit sei ein Kraut gewachsen. Wenn man am „hohen Frauentag", dem 15. August, die Kräuter zur Weihe bringt, dann bittet man um den Segen Gottes auf die Fürsprache Marias. Maria wird als die Mutter verstanden, die um die Nöte ihrer Kinder weiß und ihnen helfen will. Wie die Gnade die Natur voraussetzt, so setzt auch die Hilfe Marias voraus, daß man die natürlichen Hilfs- und Heilmittel gebraucht, bevor man auf übernatürliche Hilfe hofft. Nicht alle Krankheiten

können durch die Medizin geheilt werden, vor allem nicht die seelischen Leiden. Maria will gerade diese Leiden lindern, indem sie darauf hinweist, daß dieses Leben nicht alles ist, daß es einen Himmel gibt, für den es sich lohnt zu leben und zu leiden.
Maria ist also mehr als ein „Kräuterweiblein", sie ist die Trösterin der Betrübten, das Heil der Kranken und nicht zuletzt die Pforte des Himmels. Und wenn der eine oder andere an Mariä Himmelfahrt nur einen Blumenstrauß bringt, so spricht aus diesem Zeichen die Liebe zur Gottesmutter und die Bitte um ihren Beistand, zugleich auch die Hilflosigkeit des modernen Menschen, der zwar alle Automodelle kennt, nicht jedoch die Pflanzen und ihre Heilkraft. Das Fest Mariä Himmelfahrt hat beides im Blick: die Natur und die Übernatur, die Erde und den Himmel, Leib und Seele, Gesundheit und ewiges Heil.

Der Rosenkranz ist eine Schule des Gebets

Gedenktag unserer lieben Frau vom Rosenkranz

Weil viele keine Zeit mehr haben, ist ihnen das Rosenkranzgebet von vorneherein verschlossen. Zum Rosenkranzbeten muß man sich Zeit nehmen, um seine Schönheit, seine Tiefe und seine

Macht zu erfahren. Mit Maria bei Jesus verweilen, mit Maria den Weg Jesu begleiten, das geschieht im Rosenkranz. Je öfter man den Rosenkranz betet, umso mehr geht einem auf, daß man mithineingenommen ist in das Heilsgeschehen. Nazareth, Betlehem, Jersualem, überall darf man mit dabei sein. Mit Maria begleitet man den Weg des Herrn vom Ölberg bis zum Kreuz.

Es ist eine Schule des Gebetes, in die uns der Rosenkranz nimmt. In der Schule geht auch nicht immer alles gleich auf Anhieb; in der Schule versteht man nicht jede Rechnung sofort, aber wenn man es wieder und wieder probiert hat, mit einem Mal hat man es verstanden und fragt sich, warum habe ich das nicht gleich begriffen. Ohne Fleiß kein Preis. In den Sprachen ist es nicht anders. Wie schnell sind die Englischwörter, die man gestern noch gekonnt hat, wieder vergessen. Man muß sie immer und immer wieder üben. Steter Tropfen höhlt den Stein. Und dann sind sie uns eines Tages sozusagen in Fleisch und Blut übergegangen.

Nicht anders ist es mit dem Beten. Wer gleich sagt, das kann ich nicht; das bringe ich nicht fertig, der wird nie zu einer beglückenden Gebetserfahrung kommen. Wer den Rosenkranz abtut als langweilig, als Geleier, wird seine Schönheit nie verspüren. Schön ist doch schon jedes Gebet für sich, das im Rosenkranz vorkommt: Das Vater unser ist das großartigste Bittgebet, das man sich denken kann. Jesus selber hat es uns gelehrt: „So sollt ihr beten“. Zum Vater, um den Himmel, um die Kraft, alles im Leben

annehmen zu können, um das tägliche Brot, um die Vergebung, um Bewahrung vor Versuchung und allem Bösen. Das frohe und hellklingende Gebet des Engels, das Maria grüßt, und das in die Bitte um eine gute Todesstunde ausschwingt. Im gleichbleibenden Rhythmus von 10 Ave wird es aneinandergereiht, um sich dann mit allen Engeln und Heiligen, mit der ganzen Kreatur vor dem dreifaltigen Gott im Ehre sei dem Vater zu neigen.
Jedes Gebet wäre eine eigene Betrachtung wert, genauso wie jedes Geheimnis des Rosenkranzes. Aber die Schönheit des Rosenkranzes kann man nur schildern, denn erfahren wird sie nur der, der im Gebet, im Rosenkranzbeten, dies freudig an sich selbst erfährt: Das Schwingen der Worte, der innere Gleichklang, der sich zwischen der Seele und dem Wort ereignet. Er stellt sich ein. Wie tröstlich ist es, wenn wir den Sterberosenkranz für einen heimgegangenen Mitchristen beten. Nicht nur Segen geht von diesem Gebet hinüber in die Ewigkeit, sondern auch Trost und Kraft für die Angehörigen. Es ist, als würde die Muttergottes uns auf ihren Weg mitnehmen. Sie zeigt uns Jesus, seinen zerschundenen Körper, seine von Leiden zermarterten Gesichtszüge, blutig und zerschlagen, so hängt er da – und Maria schaut uns an: Ist ein Schmerz dem meinen gleich? Die Schmerzensmutter zieht uns an sich, nimmt uns unter ihren bergenden Mantel. Wer ginge nicht getröstet, gestärkt von ihr weg?
Aber es ist sicher zu wenig, wenn wir nur zum Rosenkranz greifen, wenn jemand in unserer Familie,

in unserer Nachbarschaft stirbt. Wir können doch alle Anliegen in dieses Gebet hineinnehmen, alle Sorgen zur Gottesmutter tragen und sie weiß Rat, sie schickt Hilfe, sie fügt es zum Guten. Die rechte Berufswahl, der Partner fürs Leben, bei Konflikten in der Ehe, Ratlosigkeit in der Kindererziehung, Sorgen mit Heranwachsenden – Warum gehen wir nicht zu ihr? Warum nehmen wir nicht den Rosenkranz und geben alles in die Hände der Muttergottes? Wir sind so kleingläubig und kurzsichtig. Tausende von Beispielen gibt es, wo Maria geholfen hat, warum sollte sie uns nicht helfen?

Beim Rosenkranzbeten sollten wir nie nur bei unseren Sorgen stehen bleiben. Kirche und Welt brauchen das fürbittende Gebet. Monat für Monat ruft uns der Papst auf, in seinen Anliegen zu beten. Machen wir uns seine Anliegen zu eigen, insbesondere das Gebet um Priester- und Ordensberufe. Schauen wir beim Beten hinaus in die Welt. Denken wir an die verfolgte Kirche in so vielen Ländern der Erde. Denken wir an die Menschen, die unter Kriegen zu leiden haben. Der Rosenkranz kann vieles in Kirche, Welt und unserem Leben bewirken. Diese Erfahrung haben unsere Vorfahren gemacht, diese Erfahrung werden auch wir machen, wenn wir zum Rosenkranz greifen und ihn beten.

Der tägliche Dank

Zum Erntedankfest

Feste wollen uns immer auf etwas aufmerksam machen. Der Muttertag, der noch keine 100 Jahre alt ist, hat sich doch nur deswegen die Herzen erobert, weil jeder das Empfinden hat, daß die Mütter ein Recht auf Dankbarkeit und Anerkennung ihrer liebenden Sorge haben.

Sehr viel älter ist das Erntedankfest. Es reicht zurück bis in die Anfänge der Menschheit. Wenn die Felder abgeerntet waren, richtete sich der Blick auf den Schöpfer. Man wußte sich abhängig, denn nicht alles steht in der Macht des Menschen. Daran hat sich im Grunde nichts geändert.

Was nützt jedoch der schönste Blumenstrauß am Muttertag, wenn man das ganze Jahr über kein liebes Wort für die Mutter übrig hat, wenn man sie überhaupt nicht spüren läßt, daß man ihre Arbeit schätzt? Ob die Mutter sich über diesen Blumenstrauß freuen kann, wenn schon am nächsten Tag das Anspruchsdenken wieder herrscht?

Am Erntedankfest bringen wir die Früchte des Jahres zur Kirche. Es ist nur eine kleine Auswahl all dessen, was wir geerntet haben. Wir danken Gott, daß wir uns jeden Tag satt essen können, ja wir haben mehr, als wir zum Leben brauchen. Wir sind wählerisch geworden und nicht selten ziehen wir ausländische Früchte den eigenen vor. Das Erntedankfest soll nicht nur die Landwirte, die von Jahr zu Jahr weniger werden, daran erinnern, daß hinter allem der Schöpfer steht, sondern es soll jedem ins Bewußtsein gerufen werden, daß alles Geschenk ist. Ganz gleich ob Bauer oder Arbeiter oder Beamter – jeder hat Grund zu danken. Freilich wird nur der danken wollen, der auch glaubt.

Wer aber glaubt, kann seinen Dank genausowenig auf nur einen Tag im Jahr beschränken wie dies ein Kind der Mutter gegenüber tun wird. Wie aber kann man seinen Dank dem Geber aller Gaben, dem lebendigen Schöpfergott gegenüber zum Ausdruck bringen? Der einfachste Weg ist das Tischgebet. Wir können doch nicht bloß immer wieder bitten: „Unser tägliches Brot gib uns heute!", sondern wir sollten für dieses tägliche Brot auch danken.

Es gibt sehr viele Möglichkeiten für ein Tischgebet. Das kürzeste ist ohne Zweifel das Kreuzzeichen. Das Herz schaut auf Gott den Dreieinen. Ihm will es danken, seinen Segen erflehen. Immer richtig ist das „Vater unser", es ist ja auch das Tischgebet der heiligen Messe. Manche Familien haben einen Gebetswürfel, so daß eine größere Abwechslung besteht. Andere schätzen das Gebet: „O Gott, von dem wir alles haben." Es ist nicht lang und doch ist alles in ihm enthalten: Der Dank für den gedeckten Tisch, aber auch für die Menschen, die uns umsorgen, nicht zuletzt für das Leben. Wem dies einmal aufgegangen ist, der kann gar nicht anders, als Gott dafür zu preisen. „Wir preisen dich für deine Gaben".

Aber wenn wir beten: „Du speisest uns, weil du uns liebst", dann bekommen wir ein schlechtes Gewissen. Liebt Gott jene nicht, die in den Armenvierteln dieser Welt hausen, die Hunger leiden, die an Unterernährung sterben? Die Weltwirtschaftskommission hat festgestellt, daß unsere Erde noch einige Milliarden Menschen mehr ernähren könnte. Das Problem ist die Verteilung der Güter. Unser Problem ist der Überfluß, der die Preise der Nahrungsmittel immer weiter sinken läßt. Das Problem der Dritten Welt liegt in der mangelhaften Nutzung der Produktionsmöglichkeiten. Es müßte also ein stärkerer Austausch an Wissen und Können erfolgen. Die Entwicklungshilfe und die Aktion „Misereor" hat hier bereits manches bewegen können. Man wird sich deshalb nie an den Tisch setzen können, ohne daran zu denken, daß zwei Drittel der Menschheit sich nur einmal am Tag satt essen können.
Das Gebet schließt mit der Bitte um Gottes Segen: „O segne auch, was du uns gibst." Den Segen Gottes, den wir jeden Sonntag bei der heiligen Messe empfangen, er wird erneut herabgerufen. Kann man den Segen eigentlich oft genug in sein Leben hereinholen, damit es ein gesegnetes Leben wird, ein Leben zum Segen für uns und für die anderen? Früher wünschte man sich eine „gesegnete Mahlzeit". Heute ist davon nur noch der Mittagsgruß „Mahlzeit!" übriggeblieben. So vieles hat sich geändert, aber das Erntedankfest sollte uns daran erinnern, daß es mit einem einmaligen Dank an Gott nicht getan ist, daß vielmehr jedes Mittagessen, ja jede Mahlzeit,

unseren Dank an den Geber aller Gaben fordert. Wenn wir die allgemeine Undankbarkeit unserer Gesellschaft beklagen, wird man fragen müssen, ob sie nicht im Undank gegenüber dem Schöpfer ihre tiefste Ursache hat.

Der Zachäus hängt heraus

Die Kirchweihfahne

Zum amerikanischen Schulalltag gehört das tägliche Hissen der Nationalfahne. Die Schüler nehmen im Schulhof Aufstellung, und während die Fahne emporgezogen wird, singen die Schüler die Nationalhymne. Die Flagge der Vereinigten Staaten von Amerika hat auch einen Namen: „Stars und Stripes". Auch die Engländer sind stolz auf ihre Fahne, den „Union Jack".

Unsere deutsche Fahne hat keine so lange Geschichte, und seit man in zwei Weltkriegen den Namen „Vaterland" mißbraucht hat, gehen wir mit unserer Nationalfahne eher sparsam um und ebenso mit unserer Nationalhymne. Wer aber wäre nicht stolz, wenn bei Olympischen Spielen die deutsche Flagge gehißt wird und die Nationalhymne „Einigkeit und Recht und Freiheit" erklingt.

Eine Fahne, die älter ist als das „Schwarz – Rot – Gold" unserer bundesrepublikanischen Flagge, ist die Kirchweihfahne. Das weiße Kreuz auf rotem Grund – es ist auch die Nationalfahne der Schweiz – ist alljährlich hoch auf den Kirchtürmen am Kirchweihfest zu sehen. Zu einem Fest gehört eine Fahne und wenn in einem Ort ein Fest gefeiert wird, dann prangen die Straßen im Fahnenschmuck. Man sieht dann die weiß-blaue Fahne unserer bayerischen Heimat, die schwarz-rot-goldene der Bundesrepublik und an kirchlichen Gebäuden die gelb-weiße Fahne, die Farben des Papstes. Die rote Fahne mit dem weißen Kreuz aber wird nur an Kirchweih herausgehängt. Diese Fahne hat auch einen Namen. Sie heißt „der Zachäus". Ihren Namen hat die Kirchweihfahne vom Zöllner Zachäus. Alljährlich am Kirchweihfest wird das Evangelium von dem Zöllner Zachäus verlesen, der den Heiland so gerne sehen wollte, aber weil er klein war und all die anderen größeren Leute ihm die Sicht verdeckten, stieg er auf einen Maulbeerfeigenbaum. Das dichte Laub des Baumes entzog ihn den Blicken der anderen, aber er selber konnte Jesus ganz gut sehen. Und genau auf den Baum, auf dem Zachäus sich so ganz sicher glaubte, kam Jesus zu, blieb stehen und rief hinauf: „Zachäus, komm schnell herunter! Ich will heute bei dir einkehren".

Der Zöllner, den alle im Ort verachteten, wußte gar nicht wie ihm geschah. Vor lauter Freude rutschte er ganz schnell vom Baum herunter und – aber das steht nicht in der Hl. Schrift – hat dabei seine Hose zerrissen, so daß ein weißer Hemdzipfel herausschaute.

Zachäus brauchte für den Spott nicht zu sorgen. Das kümmerte ihn so wenig wie der Neid. In seinen eigenen Ohren mußte er es hören: „Bei einem solchen Halsabschneider kehrt Jesus ein". Wir alle wissen, daß die Begegnung mit Jesus das Leben des Zöllners grundlegend verändert hat. Viele Menschen hatte er betrogen, aber alles wollte er wiedergutmachen. Beim Abschied konnte Jesus mit Recht zu seinen Kritikern sagen: „Heute ist diesem Haus Heil wiederfahren. Nicht die Gesunden brauchen den Arzt, sondern die Kranken".

Bis ins späte 18. Jahrhundert feierte man das Kirchweihfest jeweils an dem Tag, an dem die Kirche durch den Bischof geweiht worden ist, ganz gleich ob es Sonntag oder Werktag war. Man nahm sich dafür Zeit. Und auch die Nachbarorte kamen, um mitzufeiern. In einem niederbayerischen Ort schrieb der Wirt des 200 Seelen-Dorfes auf, was er 1866 bei der Kirchweih alles verbraucht hatte: „Zwei Rindviecher, fünf Kälber, fünf schwere Spanferkel, 24 Gänse, 16 Enten, 80 Hendel, a paar Faß Bier und vier Faß Wein". Zu einer richtigen Kirchweih gehörte nämlich nicht nur die Kirchweihfahne, „des Zachäus Hosen" wie Johannes Agricola († 1566) schreibt, ein festliches Hochamt mit einer Predigt nicht unter einer Stunde, eine gesungene Vesper am Nachmittag, sondern auch das Festessen und der Kirchweihtanz, denn Leib und Seele gehören nun einmal zusammen.

Wenn die Kirchweihfahne, der Zachäus, am Kirchweihsonntag vom Kirchturm schaut, dann sollten wir an den Zöllner denken, der sich freute, als Jesus zu ihm kommen wollte. Er kümmerte sich nicht um das Gerede der Leute, weder um ihren Spott noch um ihren Neid, sondern fragte sich bloß eines: Wie kann ich Jesus eine Freude machen? Nicht nur am Kirchweihsonntag rufen die Glocken: Jesus kommt zu uns. Wir sollten uns nicht verstecken, sondern kommen, um bei ihm zu sein.

Das tröstende Licht am Grab

Die Grablampe

In den letzten Jahren ist ein uralter Brauch wieder lebendig geworden: Man stellt eine Lampe am Grab auf und entzündet dort bei jedem Grabbesuch ein Licht. Es ist der sichtbare Ausdruck der Liebe und Dankbarkeit. Das brennende Licht möchte sagen: „Ich denke an dich. Ich bete für dich. Ich habe dich nicht vergessen".

Grablichter sind uns schon aus vorchristlicher Zeit bekannt. In Rom hat man an den Gräbern Öllichter entzündet. Sie sollten den Toten helfen, ihren Weg in den dunklen Hades zu finden. Die Christen haben den Brauch gleichfalls gepflegt, aber ihm einen neuen Sinn gegeben. Die brennende Öllampe war für sie ein Glaubensbekenntnis. Wer getauft ist, der gehört zu Christus. Wer mit Christus stirbt, der darf auch mit ihm auferstehen. Das Dunkel des Todes wird durch das Licht der Auferstehung Christi überstrahlt. Das Licht am Grab wird zur Verkündigung des Glaubens an die Auferstehung.

Sehr früh schon haben die Christen ihre Öllampen mit Symbolen versehen. In das kleine Tongefäß wurde ein Anker eingezeichnet. Damit wollte man seine Hoffnung ausdrücken, daß der Verstorbene mit Jesus auferstehen darf. Gerne wurde der Fisch als Symbol verwendet. Er war das Geheimzeichen der Christen. Das griechische Wort für Fisch heißt ICHTHYS. Das ließ sich dann als Abkürzung der Glaubensformel lesen: „Jesus Christus Sohn Gottes Heiland der Welt". Der Fisch war zugleich ein Bekenntnis zur Auferstehung, denn wie der Prophet Jona nach drei Tagen im Bauch des Fisches ausgespieen wurde, so lag Jesus drei Tage im Grab, um dann glorreich aufzuerstehen.

An den Öllampen haben kunstfertige Christen oft auch eine reichere Verzierung angebracht. Die Kundschafter aus Kanaan waren dabei ebenso ein Motiv wie die drei Jünglinge im Feuerofen. Das alles sind Vorbilder für die Auferstehung. Sie erinnern den Grabbesucher daran, daß der Verstorbene nicht für immer von ihm gegangen ist, sondern daß er ihm in die Ewigkeit vorausging, um ihn dort zu erwarten. Das Grablicht wurde freilich auch als Mahnung verstanden. Das Gleichnis von den klugen und den törichten Jungfrauen spricht eine sehr deutliche Sprache. Die Jungfrauen, die Öl in ihren Lampen hatten, dürfen an der Hochzeit teilnehmen, während jene Jungfrauen, die nicht vorgesorgt hatten, nicht in den Hochzeitssaal eingelassen werden. Der Christ, der eine Öllampe am Grab entzündete, mußte dabei unwillkürlich sein eigenes Leben bedenken und sich die Frage stellen: Bin ich bereit? Habe ich alles getan, um den Schritt aus der Zeit in die Ewigkeit ohne Angst tun zu können? Wird mir das Tor zum himmlischen Hochzeitsmahl offenstehen oder werde ich zurückgewiesen, weil ich über keine brennende Lampe verfüge?

Bischof Hilarius von Poitiers († 367) hat in einer Predigt die Grablampen so gedeutet: „Die Lampen sind das strahlende Licht der Seelen, das durch das Taufsakrament aufgeleuchtet ist. Das Öl bedeutet die Frucht der guten Werke. Die Lampengefäße sind die menschlichen Leiber, in deren Innerem der Schatz eines guten Gewissens zu bergen ist".

Grablampen waren von jeher mehr als ein Schmuck. Grablampen sind Zeichen dankbaren Gedenkens und für den gläubigen Menschen ein Bekenntnis zur Auferstehung. Das Licht am Grab steht für den Christen in Zusammenhang mit dem Licht der Osterkerze, die ein Symbol für den auferstandenen Heiland ist. An der Osterkerze wurde die Taufkerze und die Kerze der Ersten Heiligen Kommunion entzündet. Die Brautkerze, die Primizkerze und die Professkerze stehen in Beziehung dazu und schließlich die Sterbekerze. Das Grablicht wird damit zum sprechenden Symbol: Wer mit Jesus lebt, wer mit Jesus stirbt, darf mit Jesus auferstehen. Man könnte das Grablicht auch als eine andere Form des Gebetes

„O Herr, gib ihnen die ewige Ruhe und das ewige Licht leuchte ihnen“ verstehen. Wo Worte verstummen, tritt an ihre Stelle das stumme Gebet des Lichtes.

Der heilige Martin und seine Gans

Warum am Martinstag die Gänse ihr Leben lassen müssen

Auf den Martinstag freuen sich vor allem die Kinder. Mit ihren bunten Lampen ziehen sie zur Kirche, singen frohe Lieder und hören die Geschichte vom hl. Martin, der mit dem Bettler seinen Soldatenmantel teilte. Im Traum erscheint ihm Jesus. Er ist bekleidet mit der Mantelhälfte, die Martin dem Bettler geschenkt hat. Die Nächstenliebe steht ganz groß über dem Martinstag.
Freilich nicht alle können sich auf den Martinstag freuen. Die Gänse mögen diesen Tag ganz und gar nicht, denn ihnen geht es an den Kragen. Mehrere Gründe werden dafür angeführt. Am bekanntesten ist folgender: Als in Tours 371 der Bischof gestorben war, sind die Priester des Bistums nach der Beerdigung zusammengekommen, um einen Nachfolger zu wählen. Martin merkte, daß die Wahl auf ihn zulief. Da verließ er kurzerhand die fromme Versamm-

lung und wollte sich verstecken. In der Eile hatte er sich einen Gänsestall als Unterschlupf ausgesucht. Die Gänse erhoben lauthals Protest gegen den ungebetenen Besucher. Ihr aufgebrachtes Geschnatter verriet das Versteck Martins. Die Wahlversammlung eilte zum Gänsestall und teilte ihm mit, daß die Wahl auf ihn gefallen sei. Zur Strafe, weil sie ihn verraten hatten, mußten die Gänse dran glauben und sie wurden beim Festmahl nach der Bischofsweihe von den Festgästen verzehrt.

Ein anderer Grund, warum Gänse am Martinstag im Bratentopf landen, ist ihr störendes Geschnatter. Bischof Martin, der es verstand, die Menschen für Christus zu begeistern und landauf landab die frohe Botschaft verkündigte, wurde einmal bei seiner Predigt so nachhaltig von schnatternden Gänsen gestört, daß er die Predigt unterbrach und dafür sorgte, daß sie endgültig zum Schweigen gebracht wurden. Es ist nicht überliefert, ob er die Predigt anschließend fortsetzte oder ob sich die Hörer gleich an die Zubereitung der Gänse gemacht haben und sich den Braten schmecken ließen, zu dem ihnen der hl. Martin verholfen hat.

Manche freilich meinen, man habe dem hl. Martin, dessen Verehrung die Franken überallhin ausbreiteten, nur deshalb eine Gans als Symbol beigegeben, weil sein Name auf den römischen Kriegsgott Mars zurückgeht. Mars aber hat als Symbol neben dem Schwert die Gans. Gänse können sowohl im Angriff wie in der Verteidigung Glanzleistungen vollbringen. Die Römer hielten überhaupt viel von Gänsen.

Das römische Kapitol, in dem die ganzen Staatsdokumente aufbewahrt wurden, ist einmal im letzten Augenblick durch schnatternde Gänse davor gewahrt geblieben, daß Feinde es in Brand stecken konnten. Seither hatten die Gänse auf dem Kapitol das Paradies auf Erden. Keine einzige landete im Backofen, aber überlebt hat auch keine. Mit dem Untergang Roms endete dieses Paradies. Es ist nicht bekannt, daß die Amerikaner auf ihrem Kapitol in Washington ein Gänseparadies eingerichtet haben. Sie setzen mehr auf ihren Geheimdienst.

Früher begann nach dem Martinstag in den Klöstern das vorweihnachtliche Fasten. Ähnlich wie man sich auf Ostern durch eine Fastenzeit vorbereitet, so hielt man es auch mit Weihnachten. Damit verschwanden alle Fleischspeisen vom Speisezettel. Auch Fett, Schmalz, Eier gab es nicht mehr. Deshalb hat man sich an all den guten Dingen noch einmal richtig satt gegessen, um dann für die Fastenzeit gerüstet zu sein. Die Gänse wurden auch deshalb geschlachtet, weil sie draußen kein Futter mehr fanden und man sie nicht über den Winter durchfüttern wollte, nicht zuletzt aber, weil sie zu diesem Zeitpunkt am schmackhaftesten waren. Die Martinsgans war schließlich auch ein Zahlmittel. Man zahlte seine Abgaben an Adel und Geistlichkeit häufig in Naturalien. Die Gans war die Währung des kleinen Mannes. Aus den Federn wurden dann die Gänsekiele gewonnen, mit denen man schrieb, und die Federbetten, in denen sich der Winter gut überstehen ließ.

Nicht alle konnten sich eine Gans leisten. Nicht in jedem Haus brutzelte am Martinstag eine Gans im Bratenrohr. Die armen Leute, Vegetarier wider Willen, machten sich Schmalzgebackenes oder sie formten Martinsgänse aus Teig und ließen sich ihre „Martinsgänse", von denen man getrost mehr als eine essen konnte, schmecken.

Bitte für uns!

Geschichten um Heilige und ihre Patronate

Inhalt

Heilige des Alltags

Schutzpatrone im Leben

Manche halten nicht viel von den Heiligen. Sie wenden sich in ihren Anliegen lieber unmittelbar an Gott. Unsere Vorfahren waren da anderer Meinung: Sie dachten, Gott werde ihren Bitten eher Gehör schenken, wenn sie unterstützt von einem guten Fürsprecher vor seinen himmlischen Thron treten. Nicht jeder Heilige kann für alles zuständig sein. Je nach seiner Lebensgeschichte wird er in einem bestimmten Anliegen für den Beter besonders viel Verständnis aufbringen und sich bei Gott entsprechend einsetzen.

Unsere Vorfahren schauten schon am frühen Morgen auf das Bild des hl. Christophorus, das häufig außen an Kirche oder Kirchturm gemalt war, und baten um eine gute Sterbestunde. Christophorus, der die Reisenden sicher ans andere Ufer gebracht hat, sollte beistehen, daß man sicher ans ewige Ziel kommt. Hatte man Kopfschmerzen, wandte man sich an den heiligen Arzt Pantaleon. Machten einem die Zähne zu schaffen, hatte man in der hl. Apollonia eine Helferin. Bei Halsleiden rief man den hl. Blasius an. Für alle Nöte des Leibes kannte man einen Fürsprecher. Zum hl. Antonius kam man, wenn man etwas verloren hatte; zum hl. Leonhard bei Sorgen mit dem Vieh; zur hl. Rita

bei Streit in der Nachbarschaft. Das ganze Leben, und es war ein oft recht kurzes Leben, war geprägt von der Nachbarschaft zum Himmel. Mit den Heiligen stand man auf Du und Du.
Wir tun uns heute damit schon schwerer. Das beginnt damit, daß einem bereits der eigene Namenspatron fremd ist. Bei der Wahl des Namens spielt es in der Regel kaum eine Rolle, daß er ein Fürsprecher bei Gott sein soll und sein Leben dem Täufling als Vorbild dienen möchte. Für die Linderung von Schmerzen und die Heilung von Krankheiten sind Apotheker und Ärzte zuständig, aber nicht ausgedient hat der hl. Antonius. Wer hat noch keinen Schlüssel verlegt, noch kein wichtiges Dokument verzweifelt gesucht? Selbst Leute, die ansonsten nicht viel von Heiligen halten, müssen zugeben, daß sie seine Hilfe schon in Anspruch genommen haben. Trotzdem wird man nicht behaupten können, daß die Heiligen unseren Alltag so prägen, wie das bei unseren Vorfahren der Fall war.
Noch läuten die Glocken morgens, mittags und abends. Sie laden uns ein, den „Engel des Herrn" zu beten und auf Maria zu schauen. Maria hat ihr „Ja" zum Willen Gottes gesagt und damit dem Erlöser den Weg bereitet. „Das Wort ist Fleisch geworden und hat unter uns gewohnt." Gott handelt nicht ohne den Menschen. Er macht sein Gnadenangebot, aber der Mensch muß einwilligen. Das gilt auch für unser Leben. Gott macht sein Gnadenangebot in jeder heiligen Messe, in jeder heiligen

Beichte, in jeder heiligen Kommunion, so oft wir Gottes Wort hören. Gott zwingt keinen. Gott lädt nur ein. Welcher Segen aber von den Menschen ausgeht, die sich Gottes Gnade öffnen, sehen wir an Maria und an allen Heiligen.
In vielen Familien, die den „Engel des Herrn" miteinander beten, ist es üblich, noch ein „Vater unser" und „Gegrüßet seist du, Maria" für die Verstorbenen anzufügen. Da sind jene nicht vergessen, die uns in die Ewigkeit vorausgegangen sind. Da bleiben wir verbunden über den Tod hinaus. Das Gebet für die Verstorbenen wird ihnen und uns zum Segen.
Der „Engel des Herrn" erinnert uns an Gott und seine Liebe zu uns Menschen, aber auch an Maria und ihren stillen Dienst. Sie ist uns Vorbild in ihrer Pflichterfüllung und ihrer inneren Ausrichtung auf den Willen Gottes. Ihr zur Seite steht ein Mann von ähnlichem Format: der hl. Josef. Auch er sagt sein „Ja" zum Willen Gottes und er löst dieses „Ja" ein. Er wird zum Beschützer Marias und zum Pflegevater Jesu. Nicht die großen Worte sind seine Stärke, sondern die Treue im Kleinen. Gebet und Arbeit, Arbeit und Gebet, so sieht sein Alltag aus. Der Zimmermann aus Nazareth überläßt sich Gottes Führung und zeigt sich dadurch allen Anforderungen seines wechselvollen Lebens gewachsen. Maria und Josef sind zu allen Zeiten Vorbilder für die Bewältigung des Alltags gewesen. Sie sind es auch heute. Wir können so viel von ihnen lernen,

ganz gleich ob wir an das Familiengebet denken oder an die Ergebung in Gottes Willen.
Das Läuten der Glocken erinnert uns dreimal am Tag an das Geheimnis der Menschwerdung des Gottessohnes und das „Ja“ Marias. Unter den Schutz Mariens wollen wir uns immer wieder stellen, aber wir wollen auch die Fürsprache des hl. Josef erflehen und ihm unsere Familien anvertrauen. Ich möchte es tun mit einem Gebet, das unsere Vorfahren schätzten, und das nichts von seiner Bedeutung verloren hat:

O heiliger Josef, du halt' Haus
Und gieß' des Himmels Segen aus,
Hier über unsern kleinen Herd,
Daß Lieb' und Eintracht stets sich mehrt,
Daß Fried' und Freude uns begleit'
Und Gottesfurcht uns steh' zur Seit',
Daß unser Weg zum Himmel führ'
Und unser Tun die Tugend zier'.
Das ist heute meines Herzens Bitt':
O sei und bleib in unsrer Mitt'!
Dir geb ich heut' mit frohem Blick
Den Schlüssel zu des Hauses Glück.
O schließe du doch alles aus,
Was schaden könnte unserm Haus.
Schließ all die Meinen und auch mich
In Jesu Herz, das bitt ich dich!
Daß hier uns jeder Tag vergeht
Wie dir im Haus zu Nazareth!

Adolph Kolping

Patron der Gesellen

Der Name „Kolping“ steht für Bildung und Geselligkeit, für Handwerk und Mittelstand, nicht zuletzt für das Bekenntnis zu Glaube und Kirche. Das Kolpingwerk ist heute in der ganzen Welt vertreten und Kolpingsöhne trifft man in allen Bereichen des öffentlichen Lebens an. Wer ist, wer war Kolping?
In dem rheinländischen Städtchen Kerpen erblickte Adolph Kolping am 8. Dezember 1813 das Licht der Welt. Er wurde in eine große Familie hineingeboren. Der Vater verdiente sein Geld als Schäfer. Es fehlte nicht am täglichen Brot und noch viel weniger an Liebe. Der Glaube an Gott und die Treue zur Kirche waren im Elternhaus Kolpings weder durch die Aufklärung noch durch die Französische Revolution und ihre Folgen beschädigt. Das Familiengebet wurde gepflegt und der Gang zur Kirche gehörte zum Sonntag. Wer es einrichten konnte, der besuchte auch am Werktag die heilige Messe. Für Kinder und alte Leute war dies selbstverständlich. In Adolph Kolping erwachte früh der Wunsch, Priester zu werden, aber dieses Ziel schien unerreichbar. Die finanziellen Mittel der Eltern konnten ihm keine höhere Schule ermöglichen und schon gar kein Studium. Bis 1803 gab es für mittellose

Schüler die Möglichkeit, in ein Kloster einzutreten, jedoch die Klöster waren allesamt aufgehoben. Adolph Kolping konnte nur davon träumen, Priester zu werden. Es blieb ihm nichts anderes übrig, als einen Beruf zu erlernen. Kolping wurde Schuster. Nachdem er ausgelernt hatte, ging er auf die Walz. Dies wurde von einem Gesellen erwartet. Kolping arbeitete in mehreren Betrieben. Nicht überall traf er auf ein gutes Arbeitsklima. Die alten Zünfte befanden sich in Auflösung, deshalb fehlte es an festen Regeln. Die Gesellen verbrachten ihre Zeit zwischen Werkstatt und Wirtshaus. Die Meister ließen es zu, daß die Lehrlinge schikaniert wurden und lose Reden die Atmosphäre vergifteten. Der Familienanschluß, der einst gepflegt wurde, war die Ausnahme. Kolping litt unter diesen Verhältnissen. Sein Wunsch, Priester zu werden, wurde noch stärker.
Nachdem er sich einige Taler zusammengespart hatte, begab er sich mit 24 Jahren nochmals auf die Schulbank. Mitten unter den kleinen Gymnasiasten saß der Schustergeselle, dem mancher Lehrer gerne geraten hätte: „Schuster, bleib bei deinen Leisten!“, wenn er von dem Ernst, den der Spätberufene ausstrahlte, nicht beeindruckt gewesen wäre. 1841 legte er das Abitur ab und konnte das Studium der Theologie aufnehmen. Nach Studienjahren in München und Bonn wurde er 1845 in Köln zum Priester geweiht. Der Erzbischof schickte den Neupriester nach Elberfeld. Dort kam Kaplan

Kolping mit dem Gesellenverein in Berührung, den Lehrer Breuer mit zwei Schreinergesellen ins Leben gerufen hatte. Man kam zusammen. Man sang. Man suchte den Glauben bewußt zu leben und das religiöse Wissen zu vertiefen. Der Zustrom zum Gesellenverein verstärkte sich noch, als Kolping das Amt des geistlichen Leiters, des Präses, übernahm. Die Begeisterung der Gesellen brachte Kolping auf die Idee, auch andernorts Gesellenvereine zu gründen. Elberfelder Gesellen, die auf die Walz nach Köln und Düsseldorf gegangen waren, spielten dabei die besten Botschafter. Kolping hatte seine Lebensaufgabe gefunden. Seine eigenen Erfahrungen beflügelten ihn dabei. 1849 wurde er Domvikar in Köln. Von Köln aus wirkte er in den ganzen deutschsprachigen Raum hinein. Er entfaltete eine reiche schriftstellerische Tätigkeit. Seit 1849 brachte er alljährlich einen katholischen Volkskalender heraus. Er gründete eine eigene Wochenzeitung „Rheinische Volksblätter für Haus, Familie und Handwerk". Dazu war er ständig auf Vortragsreisen. Immer neue Gesellenvereine entstanden so in den Städten. Aus dem Präses wurde immer mehr ein Generalpräses. Die Gesellen aber wußten, daß er ihre Sorgen versteht und ihre Anliegen aufgreift. Die Bewegung, die Kolping auslöste, wurde eine Antwort der Kirche auf die soziale Frage der Zeit.

Kolping schonte sich nicht. Quer durch Europa stellte er den Gesellenverein vor und überall entstanden neue Vereine. Die Gesellen suchten Kontakt zu ihm und er nahm sich Zeit. Er war ihr „Vater“. Längst hatte er das Amt des Domvikars aufgegeben. Als Rektor der Minoritenkirche in Köln besaß er mehr Bewegungsfreiheit. Sein Ziel war die Errichtung eines Gesellenhauses, in dem man sich treffen kann, in dem es Unterkunft und Essen, Geselligkeit und Fortbildung gibt. In Köln verwirklichte er seine Idee. Seinem rastlosen Wirken folgte die völlige Erschöpfung. Am 4. Dezember 1865 starb Adolph Kolping. Tausende begleiteten seinen Sarg. Es war die größte Beerdigung, die Köln je erlebt hatte. In der Minoritenkirche fand er seine letzte Ruhestätte. Papst Johannes Paul II. hat sein bespielhaftes Leben gewürdigt und ihn seliggesprochen.

Er ist Patron der Gesellen.

4. Februar

Agatha

Gegen Brustleiden und Feuergefahr

Das Schönheitsideal der Griechen bestand in der Verbindung von schönem Aussehen und guter Gesinnung. Wer diese Verbindung verkörperte, die Kalokagathie, hatte das Höchste erreicht, das einem Menschen beschieden sein konnte. Was ließ sich einem Kind Besseres wünschen? Die griechische Kultur, die Sizilien jahrhundertelang geprägt hatte, und auch im römischen Weltreich Zeichen hoher Bildung war, beeinflußte Eltern in Catania am Fuß des Ätna, ihrem Kind, einem Mädchen, den Namen Agatha, die Gute, zu geben. Wichtiger als Schönheit schien ihnen das Gutsein. Das Gute in ihrem Kind wollten sie fördern und auf der Suche nach dem Guten fanden sie zum Glauben an Jesus Christus. Gut wie er wollten sie werden. Gut wie er, so wünschten sie sich ihre Tochter. Es war nicht leicht in der Mitte des 3. Jahrhunderts n. Chr., einer Zeit des moralischen Niedergangs, gegen den Strom zu schwimmen. Wahrheit, Ehrlichkeit, eheliche Treue galten nicht viel. Agathas Eltern sahen das anders und sie gaben diese Einstellung an ihre Tochter weiter.

Agatha war im Lauf der Jahre zu einer Schönheit herangewachsen. Die Verbindung von Schönheit und guter Gesinnung machte sie zur idealen Frau. Der Statthalter von Sizilien, reich und mächtig zugleich, wollte sie zur Gattin. Agatha gab jedoch Quintian zu verstehen, daß sie nichts für ihn empfinde. Der Statthalter war tief gekränkt. Er suchte nach einem Grund, Agatha zu vernichten. Wenn sie ihn nicht wollte, sollte sie auch kein anderer haben. Quintian fand heraus, daß Agatha Christin war. Die Gesetzgebung des römischen Imperiums verbot den christlichen Glauben unter Todesstrafe. Quintian führte den Prozeß selber. Er wollte der Sizilianerin zeigen, daß man einem römischen

Statthalter nicht ungestraft eine Abfuhr erteilt. Da Agatha gestand, Christin zu sein, wäre es unnötig gewesen, die Folter anzuwenden. Die Hinrichtung durch das Schwert war bei römischen Bürgern für diesen Fall vorgesehen. Quintian jedoch ließ seinen Rachegefühlen und seinem Haß freien Lauf. Er befahl, Agatha die Brüste abzuschneiden und sie in glühende Kohlen zu werfen. Grausam entstellt starb Agatha nach schrecklichen Schmerzen.

Die Leute von Catania bewunderten die tapfere Agatha, deren Gutsein ihre Schönheit überdauert hatte, und als im Jahr nach ihrem Tod der Ätna ausbrach, flehten Christen wie Heiden die Märtyrerin als Fürsprecherin an. Die Gebete wurden erhört. Der Ätna hörte auf, glühende Lava auszuspeien. Seit dieser Zeit gilt sie als Patronin gegen Feuersgefahr. Vor allem aber wird sie als Helferin bei Brustleiden angerufen. Durch die Aufnahme in den Kanon der heiligen-Messe und in die Allerheiligenlitanei ist sie weit über Sizilien hinaus berühmt geworden. In der Oper „Der Freischütz" von Carl Maria von Weber ist der Name Agathe erneut als Symbolträger für das Edle und Gute verwendet.

Patronin der Glockengießer; bei Brustleiden; gegen Feuersgefahr, Erdbeben, Gewitter, Unglück und Unwetter.

Aloisius von Gonzaga

Patron der studierenden Jugend

Der hl. Aloisius zählte einst zu den beliebtesten Heiligen und sein Vorbild war für Generationen von Jugendlichen richtungweisend. Die „Aloisius-Sonntage“, die sich an den 21. Juni anschlossen, waren Anlaß, die Sakramente zu empfangen, und dies zu einer Zeit, in der man nur drei bis vier Mal im Jahr nach vorausgehender Beichte die heilige Kommunion empfing. Hier bahnte sich bereits der Weg zum häufigeren Kommunionempfang an.

Am 21. Juni 1591 starb Aloisius von Gonzaga an der Pest. Bei seiner Geburt am 9. März 1568 hatten die Kanonen einen Ehrensalut abgefeuert, denn dem Markgrafen von Gonzaga war ein Erbprinz geboren worden. Seine ganze Erziehung war darauf ausgerichtet, daß Aloisius im politischen Kräfte- und Ränkespiel seiner Zeit eine herausragende Rolle spielen konnte. Der Vater als Oberbefehlshaber der spanischen Truppen in Italien nahm ihn schon als Kind mit ins Heerlager. Der kleine Luigi fühlte sich wohl bei den rauhen Landsknechten und brachte zum Schrecken seiner frommen Mutter allerlei derbe Soldatensprüche und kräftige Flüche mit nach Hause.

Im Alter von 14 Jahren gingen die Kinder damals zur ersten heiligen Kommunion. Aloisius wurde früher zugelassen, denn der Erzbischof von Mailand, Kardinal Karl Borromäus, konnte sich davon überzeugen, daß sowohl das Glaubenswissen des 12jährigen Prinzen als auch sein religiöses Leben eine solche Ausnahme rechtfertigten. Seit dem neunten Lebensjahr beichtete er bereits regelmäßig.
Aloisius durchlief den Ausbildungsweg, der ihm den Weg zu Einfluß und Macht ebnen sollte. Er weilte an den Höfen von Mantua und Florenz. Er lernte Sprachen und Etikette, Fechten und Tanzen, die Kunst der Diplomatie. Die Renaissance war eine sehr sinnenfrohe Epoche, und an den Fürstenhöfen waren galante Abenteuer an der Tagesordnung. So wenig wie Aloisius an den Staatsauffassungen eines Machiavelli Gefallen fand, so wenig stand sein Sinn nach galanten Abenteuern.
Sein weiterer Weg führte ihn an den spanischen Hof Philipps II. nach Madrid. Hier lernte er den Orden der Jesuiten, die „Gesellschaft Jesu", kennen. In den Briefen, die er regelmäßig nach Hause schrieb, stehen bereits Sätze, die seinen weiteren Lebensweg markieren, wie etwa: „Gott dienen ist mehr als die Welt beherrschen." Aber der Vater sah darin mehr religiöse Schwärmerei als eine Abwendung von der ihm zugedachten Aufgabe als künftiger Markgraf. Umso mehr überraschte ihn die Mitteilung des Erbprinzen nach seiner Rückkehr aus Spanien: Er wolle auf alles verzichten

und bei den Jesuiten eintreten. Der Vater setzte alle Hebel in Bewegung, um dies zu verhindern. Er drohte dem Orden. Er nützte seine Beziehungen zu Bischöfen und Kardinälen. Er suchte dem Sohn den Wunsch auszureden. Nach zwei Jahren gab der Vater sich geschlagen. Am Allerseelentag 1586 verzichtete Erbprinz Aloisius von Gonzaga auf das Recht der Nachfolge und alle Ansprüche zugunsten seines Bruders Rudolf.

Nun hinderte ihn nichts mehr, Jesuit zu werden. Es folgten Jahre des Studiums. Für den zum Herrschen geborenen und erzogenen Aloisius war es nicht leicht, sich ständig unterzuordnen, aber seine Mitbrüder staunten über seine Bescheidenheit und seinen Gehorsam.

Als in Rom 1591 die Pest ausbrauch und Tausende von Menschen hinwegraffte, meldete sich Aloisius freiwillig zur Betreuung der Kranken und Sterbenden. Die Gefahr der Ansteckung war sehr groß. Auch Aloisius wurde von der tödlichen Krankheit erfaßt, und der Brief, den er vom Tod gezeichnet an seine Mutter schrieb, ist ein Zeugnis seines Glaubens: „Nach einem so kurzen Leben ruft mich die Güte Gottes ohne Mühe zur Ruhe. Die Trennung wird nicht lange dauern. Im Himmel werden wir uns wiedersehen.“ Wenige Tage später starb er, gerade 23 Jahre alt.

In zahlreichen Kirchen sehen wir das Bild dieses Patrons der Jugend, der in einer Zeit, die in vielem unserer gleicht, den Mut hatte, gegen den Strom

zu schwimmen, denn er war der Meinung: „Sich selbst bekriegen ist der schwerste Krieg. Sich selbst besiegen ist der schönste Sieg."
Patron der Jugend, besonders der Studierenden; bei Berufswahl.

13. Juni

Antonius von Padua

Nicht nur der Patron der Schlamper

Man nennt ihn den Patron der Schlamper und wer hätte nicht schon die Erfahrung gemacht, daß der hl. Antonius wirklich hilft, wenn man verzweifelt nach etwas sucht? Für die Italiener ist er „il Santo", der Heilige schlechthin, so sehr haben sie ihn ins Herz geschlossen, dabei war er gar kein Italiener, sondern ein Portugiese. In Lissabon ist er aufgewachsen. An der berühmten Universität von Coimbra hat er studiert und sich den Augustinerchorherren angeschlossen. Sein Leben wäre in Beschaulichkeit und Gelehrsamkeit zwischen Betstuhl und Studierpult verlaufen, hätte nicht der Martertod von einigen Minderbrüdern des Franz von Assisi, die als Missionare nach Marokko gegangen waren, in ihm den Wunsch geweckt, an ihrer Stelle zu den mohammedanischen Sarazenen zu gehen, um sie zu Christus zu führen.

Er schloß sich der franziskanischen Gemeinschaft an und ließ sich nach Marokko schicken. Krank kehrte er zurück und wurde von Franziskus einem italienischen Klösterlein zugewiesen. Als bei der Primiz eines Mitbruders der Prediger plötzlich ausfiel, bat man Antonius die Predigt zu übernehmen. Der schweigsame und in sich gekehrte Ordensmann hielt eine derartig begeisternde und mitreißende Predigt, daß von überall her die Bitten kamen, Bruder Antonius möge predigen. Wie Franziskus suchte er den Menschen den Frieden zu bringen, den Frieden mit Gott und den Frieden miteinander. Er zog landauf und landab. Bis nach Südfrankreich kam er.

Zahlreiche Legenden ranken sich um sein Leben. So wird erzählt, daß er den Fischen in Rimini predigte, als die Leute seine Predigt nicht hören wollten. Der Esel eines Zweiflers habe seine Knie vor dem Allerheiligsten gebeugt, weil sein Herr nicht in die Knie gehen wollte. Ein Adeliger, bei dem Antonius weilte, soll Zeuge gewesen sein, daß das Jesuskind dem Heiligen erschienen ist.

Der begnadete Prediger, den Franziskus „meinen Bischof" nannte und darum bat, die Minderbrüder in die Theologie und das Verständnis der Heiligen Schrift einzuführen, starb 1231 mit 36 Jahren in Padua. Sein Grab wurde zum Ziel vieler Pilger und zahlreiche Wunder ereigneten sich, so daß Antonius bereits ein Jahr nach seinem Tod heiliggesprochen wurde.

In zahlreichen Kirchen findet sich das Bild des Heiligen und nicht selten ist daneben ein Opferstock mit der Aufschrift „Antoniusbrot". Über seinen Tod hinaus bettelt der Heilige für die Armen. Das Antoniusbrot kam in der Vergangenheit den Armenhäuslern einer Pfarrei zugute und angesichts der sozialen Nöte, die weiterhin bestehen, ist das Antoniusbrot nicht überflüssig geworden.
Meistens sind die Bilder und Statuen des Heiligen auf der Evangelienseite (Nordseite) der Kirchen angebracht, um an diesen unermüdlichen Verkünder der frohen Botschaft zu erinnern. Auf dem Arm trägt er das Jesuskind, dessen Armut und Ergebenheit in den Willen Gottes er nachgelebt hat.
Patron der Franziskaner, der Bäcker, der Reisenden; der Sozialarbeit; des Viehs; zum Wiederauffinden verlorener Dinge.

9. Februar

Apollonia

Gegen Zahnweh

Die ersten Jahrhunderte wurden die Christen von den römischen Kaisern unerbittlich verfolgt. Obwohl die Römer anderen Religionen gegenüber sehr tolerant waren, bekämpften sie den christlichen Glauben, weil sie ihn als Staatsfeind ansahen.

Zwar hatte man in Rom nichts gegen vornehme Frauen, die für das Judentum schwärmten, auch fand man den Mystizismus rund um den Mithraskult aufregend, aber die christliche Religion mit ihrem Alleinvertretungsanspruch wurde als Gefährdung des Kräftegleichgewichts innerhalb des Gemeinwesens angesehen. Seit den Tagen Neros wurde Jagd auf Christen gemacht. Sie waren vogelfrei im ganzen Reich. Jeder Richter mußte einer Anzeige nachgehen, und am Ende stand immer das Todesurteil, außer der Angeklagte war bereit, einer Gottheit wie Jupiter oder Juno zu opfern. Ein paar Weihrauchkörner schenkten die Freiheit.
Allerdings gab es in den fast 300 Jahren bis zum Toleranzedikt Kaiser Konstantins im Jahre 313 Zeiten, in denen der Staat andere Sorgen hatte, als Christen zu verfolgen. Manche Kaiser zeigten wenig Interesse für diese neue Religion, die sich trotz Verfolgung immer weiter ausbreitete, und deren Anhänger nicht nur bei den Sklaven und Freigelassenen zu finden waren, sondern bis hinauf in den römischen Senat. Auch Soldaten bekannten sich zu Christus. Selbst in den Reihen der Leibgarde des Kaisers gab es Christen. Unter den Soldatenkaisern, die in der Mitte des 3. Jahrhunderts regierten, wird der ehemalige Gardepräfekt Philippus Arabs (244–249) als ausgesprochen christenfreundlich geschildert. Trotzdem gab es auch in seiner Regierungszeit Martyrer, wie das Beispiel der hl. Apollonia zeigt.

Von Apollonia wissen wir, daß sie in Alexandrien lebte. Ihre heidnischen Eltern hatten ihr den Namen des Gottes Apollon gegeben. Schönheit und Weisheit, Maß und Ordnung wurden ihm zugeschrieben. Damit drückten sie aus, was sie für ihr Kind wünschten und erhofften. Das berühmte Orakel von Delphi war ein Heiligtum des Gottes Apollon. Würde ihre Tochter gleich der Pythia von Delphi einmal die Zukunft deuten können? Apollonia erfüllte viele Erwatungen ihrer Eltern, aber als sie durch Freundinnen von Jesus erfuhr, da empfand sie ihre Schönheit als Geschenk Gottes und ebenso ihre Klugheit. Sie wollte nicht anderen die Zukunft vorhersagen, sondern so leben, daß sie ewig bei Jesus im Himmel sein darf. Andere wollte sie auf diesem Weg mitnehmen. Sie begeisterte nicht nur ihre Eltern für Christus, sondern noch manch anderen. Sie war derart erfolgreich, daß sie den Zorn aufgebrachter Eltern und enttäuschter Liebhaber gegen sich aufbrachte.
Da kein Richter bereit war, sie zu verhaften, übten die Leute Selbstjustiz. Sie zerrten Apollonia an ihren Haaren hinaus vor die Tore der Stadt. Sie quälten sie unbeschreiblich, indem sie ihr einen Zahn nach dem anderen ausrissen. Das sollte Apollonia dazu bringen, ihren christlichen Glauben aufzugeben. Schließlich errichteten sie einen Scheiterhaufen und drohten ihr, sie lebendig zu verbrennen, wenn sie noch länger an Christus glaube. Statt die Bedingung zu erfüllen, wartete sie gar nicht erst ab,

bis man sie ins Feuer warf, sondern sprang selbst hinein und erlitt auf diese Weise das Martyrium.
Die hl. Apollonia wird seit ältester Zeit als Fürsprecherin bei Zahnschmerzen angerufen und von den Zahnärzten als Patronin verehrt. Die Künstler geben der Heiligen in der Regel eine Beißzange mit einem Zahn als Erkennungsmerkmal. Der Vorname Apollonia ist sehr selten geworden. Der Dichter Peter Dörfler hat ihm in seiner „Apollonia-Trilogie" ein Denkmal gesetzt, und auch bei Bert Brecht spielt in der „Dreigroschenoper" eine Apollonia – kurz „Polly" genannt – eine Rolle.
Patronin der Zahnärzte, gegen Zahnweh.

4. Dezember

Barbara

Die Patronin der Bergleute

Dunkel und die Sehnsucht nach Licht gehören zum Advent. Die Hoffnung auf das bessere Morgen mit wärmeren Tagen, mit blühenden Bäumen, wird in diesen kalten Tagen lebendig. Beides, die Sehnsucht nach Licht und einer besseren Zukunft, macht die hl. Barbara zu einer so sympathischen Adventsgestalt.
Ihre Heimat war die heutige Türkei. Ihr Name läßt darauf schließen, daß sie nicht zu den vornehmen,

hochgebildeten, griechischsprechenden Kreisen ihrer Zeit, des 4. Jahrhunderts, gehörte, sondern zu jenem Teil der Bevölkerung, die man herablassend „Barbaren“ nannte, weil sie nicht so gepflegt waren und sich nicht so gut ausdrücken konnten. Man könnte auch annehmen, daß ihr Vater Dioscurus sie „Barbara“ genannt hat, weil sie sehr lebhaft und kaum zu bändigen war, ein kleiner Wildfang, zu allen Streichen fähig. Mit geradezu krankhafter Vaterliebe wollte er sie vor allem bewahren, was ihr schaden konnte, deshalb ließ er einen Turm bauen, in den er sie einsperrte, wenn er auf längere Geschäftsreisen ging.
Welcher Vater aber kann schon seine Tochter für immer an sich binden? Eines Tages taucht der Märchenprinz auf, und kein Turm kann so unüberwindlich sein, daß er nicht schließlich eingenommen wird. In Barbaras Leben spielte Jesus diese Rolle. Inmitten einer heidnischen Umwelt, trotz eines ungläubigen Vaters fand sie durch Freundinnen zum christlichen Glauben. Sie ließ sich ohne Wissen des Vaters taufen, und als er von einer Reise zurückkehrte, mußte er feststellen, daß Barbara das Dunkel des Turmes, in dem bislang nur ein Fensterchen war, durch zwei weitere Fenster erhellen hatte lassen. Die drei Fenster sollten jedoch mehr sein als eine Lichtquelle, sie sollten ein Bekenntnis sein zu dem einen Gott in drei Personen. Das versuchte sie auch ihrem Vater zu erklären. Wollte er seine Tochter schon

ungern an einen jungen Mann verlieren, noch mehr sträubte er sich dagegen, daß sie Jesus als ihren Bräutigam bezeichnete. Wollte sie denn nicht begreifen, daß dieser Jesus schon fast 300 Jahre tot war, und der römische Kaiser Diokletian alle Christen unerbittlich verfolgte? – Nein, Barbara wollte das nicht begreifen. Der Vater sah alle seine Lebenspläne vernichtet und meinte, nur mit äußerster Härte die Tochter für sich zurückgewinnen zu können. Er selbst zeigte Barbara als Christin an. Sie wurde verhaftet und schrecklich gefoltert. Die Legende berichtet, Gott habe einen Engel zu ihr ins Gefängnis geschickt, um sie mit der hl. Kommunion zu stärken. Zum Tode durch das Schwert verurteilt, soll sie vom eigenen Vater getötet worden sein, den nach vollbrachter Tat ein Blitz erschlug.

In den Darstellungen der Heiligen finden sich als ihre Beigaben: Der Turm, der Kelch und das Schwert. Und gerade der Beistand, den sie durch die heilige Kommunion erfahren hat, war Anlaß, sie als besondere Fürsprecherin um eine gute Sterbestunde zu bitten. Noch heute ist das Gebet zur hl. Barbara beliebt:

> Heilige Barbara, du edle Braut,
> dir sei Leib und Seele anvertraut.
> Sowohl im Leben, auch im Tod
> komm mir zu Hilf in letzter Not.
> Mach, daß ich vor meinem End

empfang das hochheilige Sakrament
und von Gott die Gnad erwerb,
daß ich in keiner Todsünd sterb!

Barbara gehört zu den beliebtesten Heiligen. Sie zählt zu den 14 Nothelfern und wird in zahlreichen Anliegen als Fürsprecherin angerufen. Besonders die Bergleute verehren sie als ihre Patronin, weil sie in den dunklen Turm gesperrt sich nach dem Licht und der Sonne gesehnt und damit das Los der Bergleute am eigenen Leib erfahren hat. Am Barbaratag werden Zweige z.-B. vom Kirschbaum geschnitten, die man ins Haus nimmt und die dann am Weihnachtstag zum Blühen kommen. Die „Barbarazweige" sind somit erste Frühlingsboten, mehr aber noch sind sie Zeichen des anbrechenden Gottesreiches, in dem Friede und Freude herrschen und das verlorene Paradies wiederkehren wird. Advent ist nicht nur Rückerinnerung an die Zeit vor Jesu Geburt, sondern Vorbereitung auf Jesu endgültiges Kommen am Jüngsten Tag. Die hl. Barbara will dabei Wegbegleiterin und Fürsprecherin sein.

Patronin der Architekten, Bauarbeiter, Bergleute, Dachdecker, Gefangenen, Glöckner, Steinhauer, Zimmerleute; der Artillerie; Türme und Festungen; der Feuerwehr; für eine gute Sterbestunde.

11. Juli

Benedikt von Nursia

Der Patron Europas

Die Völkerwanderung hat zu einer völligen Veränderung der politischen und religiösen Lage in Europa geführt. Das Imperium Romanum ging unter. Und die germanischen Krieger, die in Italien eingedrungen waren, hielten wenig vom römischen Recht und noch weniger von der römischen Kirche. Ihr Recht war das Faustrecht und ihr Glaube der Arianismus.

Es waren unruhige Zeiten, in die Benedikt von Nursia 480 hineingeboren wurde. Mit dem Ostgotenkönig Theoderich, der mit Klugheit die gegensätzlichen Interessen von Einwanderern und Einheimischen auszugleichen verstand, kam es zu einer Friedenszeit. Benedikt wurde von seinen Eltern zum Studium nach Rom geschickt. Nachdem die Goten den Römern die Verwaltung überließen, empfahl es sich, Rechtswissenschaften zu studieren. Das freizügige Studentenleben, das die meisten seiner Freunde zu genießen wußten, widerte Benedikt zutiefst an. Er hatte nichts übrig für durchzechte Nächte und aufregende Liebesabenteuer. Er brach das Studium ab und verließ Rom. Statt nach Hause zurückzukehren, schloß er sich einer Gemeinschaft von Asketen an. Er war auf der

Suche nach seiner Lebensbestimmung. Betend und fastend hoffte er, den Willen Gottes zu ergründen. Immer klarer erkannte er, daß Jesus ihn in seine Nachfolge berufen wollte. Mit Jesus wollte er die Stille und Einsamkeit teilen, deshalb verließ er die Gemeinschaft der Asketen. Drei Jahre verbrachte er anschließend in einer Höhle bei Subiaco.
Als der Vorsteher eines nahegelegenen Klosters starb, baten ihn die Mönche, ihre Gemeinschaft zu leiten. Sie hatten freilich nicht damit gerechnet, daß Benedikt klare Vorstellungen hatte, wie ein Leben, das die Verwirklichung der Nachfolge Christi zum Ziel hatte, aussehen sollte. Benedikt bestand auf gemeinsamem Besitz. Es konnte nicht mehr jeder in seine Tasche wirtschaften. Benedikt bestand auf Gehorsam. Es mußte jeder über sein Tun und Lassen Rechenschaft ablegen. Benedikt bestand auf Ordnung und Pünktlichkeit. Es konnte keiner mehr völlig frei über seine Zeit verfügen. Gerne wären die Mönche ihren Vorsteher wieder losgeworden. Es wird berichtet, daß die verärgerten Mitbrüder ihn am liebsten umgebracht hätten. Als dies Benedikt bemerkte, verließ er das Kloster und kehrte nach Subiaco zurück.
Benedikt hatte nun verschiedene Erfahrungen gesammelt: Er hatte bei den Asketen gelebt, die nur fasteten und beteten. Er hatte mehrere Jahre als Einsiedler verbracht und schließlich eine Mönchsgemeinschaft wenig erfolgreich geleitet. Diese Erfahrungen veranlaßten ihn, eine Regel für das

Gemeinschaftsleben niederzuschreiben, die dem Orden, der seinen Namen trägt, sein unverwechselbares Gepräge geben. Benedikt hält nichts von Übertreibungen. In allem will er das rechte Maß beobachtet wissen. Er verbindet das Gebet mit der Arbeit. Sein Motto „Bete und arbeite!" hat die Klöster seines Ordens zu Kulturstätten ersten Ranges gemacht. Die feierlichen Gottesdienste bilden den Höhepunkt des klösterlichen Lebens. Benedikt ist der Meinung: „Dem Gottesdienst darf nichts vorgezogen werden". Die Arbeit in Stall und Feld, in den Schreibstuben und Handwerksbetrieben, dient dem Lebensunterhalt. Das Kloster wird zur Heimat des Mönchs.

Man kann gar nicht ermessen, was die geistlichen Söhne des hl. Benedikt und ebenso seine geistlichen Töchter für die Kultur Europas geleistet haben. In unruhigen Zeiten waren die Klöster ruhende Pole. Sie vermittelten dem Adel und nicht nur ihm, sondern auch anderen begabten Schülern, Bildung und christliche Lebenshaltung. Im Niedergang der Kultur bewahrten sie die Schätze der Antike und der frühen Kirche. In einer Epoche, die alles vom Krieg erwartete, setzten sie auf Frieden. In einer Welt, in deren Augen die Arbeit als erniedrigend angesehen wurde, gaben sie der Arbeit eine neue Würde. Die Regel des hl. Benedikt formte Mönche und prägte Laienchristen durch Jahrhunderte. Benediktiner brachten den Glauben nach England. Englische Benediktiner wie Bonifatius, Willibald und Wuni-

bald waren Missionare bei den Germanen, unseren Vorfahren.
Im Jahre 529 übersiedelte Benedikt mit seinen Mönchen nach Monte Cassino. Im gleichen Jahr wurde die Universität von Athen geschlossen. Die antiken Philosophen schienen ausgedient zu haben; aber der Verdienst Benedikts ist es, daß er der Gelehrsamkeit eine neue Heimat gegeben hat. Am 21. März 547 starb Benedikt, den man als „Retter der Antike und Baumeister des christlichen Abendlandes" bezeichnet hat. Papst Paul VI. hat den Begründer des abendländischen Mönchtums zum Patron Europas erklärt.
Patron Europas; der Höhlenforscher, der Lehrer, Schulkinder; der Sterbenden.

3. Februar

Blasius

Helfer bei Halsleiden

Unsere Vorfahren waren der festen Überzeugung: „An Gottes Segen ist alles gelegen", deshalb begannen sie ihren Tag in der guten Meinung „Alles dir, o Gott, zuliebe", deshalb begannen sie die neue Woche mit dem Besuch des Sonntagsgottesdienstes und holten damit den Segen Gottes nach Hause. Den Segen Gottes erflehten sie immer aufs neue.

Die geweihten Palmzweige vom Palmsonntag gehörten dazu genauso wie die geweihten Kräuter an Maria Himmelfahrt.

Am Tag nach Mariä Lichtmeß kamen jung und alt zur Kirche, denn auf den Blasiussegen wollte keiner verzichten. Wer hatte es in den kalten Wintermonaten bei ungeheizten Schlafkammern und zugigen Stallungen nicht im Hals? Wen plagte kein Husten oder wer blieb von einer Mandelentzündung verschont? Der heilige Blasius sollte den Husten lindern und alle Krankheiten fernhalten: So hielten es unsere Vorfahren und sie fanden Erhörung. Inzwischen glauben auch jene wieder an die Macht des Segens, die noch vor ein paar Jahren etwas hochnäsig von „magischen Praktiken" gesprochen haben. Jesus hat schließlich seinen Jüngern, das ist manchmal vergessen worden, die Vollmacht gegeben, Kranke zu heilen. An dieses Wort Jesu hat sich Bischof Blasius gehalten, als eine Mutter in höchster Not zu ihm kam, weil ihr Sohn beim Essen aus Unachtsamkeit eine Gräte verschluckt hatte. Er drohte zu ersticken. Bischof Blasius legte dem Buben die Hand auf und betete über ihn, sodann entzündete er zwei Kerzen, kreuzte sie am Hals und segnete das Kind. Die Gräte löste sich. Der Bub war gerettet. Der Vorfall ereignete sich im Jahre 316. Es ist schon bemerkenswert, daß sich die Erinnerung daran bis zum heutigen Tag erhalten hat.

Blasius lebte in Sebaste, einer Stadt in Armenien. Von Haus aus war er Arzt. Der Umgang mit Kranken gehörte zu seinem Beruf. Als Christ machte er bei seinen Patienten keine Unterschiede. Ob reich oder arm, bei ihm zählte nur der Mensch. Ob Heide oder Christ, jeder war ihm gleich wichtig. Nach dem Tod des Bischofs von Sebaste kam die ganze Gemeinde zu der Überzeugung, Blasius sollte Bischof werden. Zwar sträubte sich der Arzt, aber er gab dann doch nach, wohl auch in der Hoffnung, daß sein Ansehen bei den Heiden der christlichen Gemeinde eine Hilfe sein könnte, denn obwohl Kaiser Konstantin 313 das Toleranzedikt von Mailand verkündet hatte, blieben im Osten unter seinem Mitkaiser Licinius die Gesetze Diokletians, die zur Ausrottung der Christen führen sollten, noch in Geltung. In Sebaste hatte ein neuer Statthalter Einzug gehalten und alsbald begann er, Christen verhaften zu lassen. Blasius brachte sich auf inständiges Flehen seiner Gemeinde in Sicherheit. Er hauste in einer Berghöhle. Tiere faßten zu ihm Zutrauen, als er ihre Wunden behandelte. Sogar Wölfe hörten auf sein Wort. Bei einer Jagd des Statthalters wurde Blasius aufgegriffen. Man machte ihm den Prozeß. Alles, was zu seiner Verteidigung vorgebracht wurde, half ihm nichts. Man quälte ihn grausam, indem man mit einem eisernen Kamm seine Haut zerfetzte. Zuletzt tötete man ihn mit dem Schwert. Die Christen bargen seinen Leichnam und hielten seine Reliquien in Ehren. In späteren Zeiten kamen Reliquien nach Italien und auch nach Deutschland. St. Blasien im Schwarzwald gehört zu den Orten,

die das Andenken des Heiligen in besonderen Ehren halten.
Jedes Jahr am 3. Februar erinnert man sich in allen Pfarrgemeinden an den hl. Blasius und erbittet den Blasiussegen, der mit zwei gekreuzten Kerzen gegeben wird. „Auf die Fürsprache des heiligen Bischofs und Martyrers Blasius bewahre dich der allmächtige Gott vor aller Krankheit des Halses und allen übrigen Krankheiten. Im Namen des Vaters und des Sohnes und des Heiligen Geistes. Amen.“
Der Heilige zählt zu den 14 Nothelfern, er wird bei Halsleiden angerufen, aber auch bei anderen Krankheiten. Ärzte sehen in ihm einen besonderen Fürsprecher, aber ebenso die Weber. Nicht unerwähnt soll bleiben, daß auch die Haustiere seinem Patronat anvertraut sind.

22. November

Cäcilia

Die Patronin der Kirchenmusik

In nicht wenigen Kirchen unserer Heimat finden sich Darstellungen der hl. Cäcilia. Sie haben ihren Platz nahezu immer an der Orgelempore oder in Orgelnähe. Daß die römische Martyrin, die im 3. Jahrhundert qualvoll starb, Patronin der Kirchenmusik

geworden ist, liegt an den Orgelpfeifen, die man in ihrem Grab später gefunden zu haben meinte.
Cäcilia stammte aus ältestem römischen Adel, verwandt mit den Juliern, die einen Cäsar und Augustus hervorgebracht hatten, verwandt mit den anderen alten Geschlechtern. Das Lasterleben der damaligen Gesellschaft fand nicht ihre Zustimmung. Bei der Suche nach dem Sinn ihres Daseins stieß sie auf den christlichen Glauben. Sie empfing nicht nur die heilige Taufe, sondern sie hatte darüber hinaus die Absicht, auf eine Ehe zu verzichten, um Gott ungeteilt dienen zu können. Die Eltern freilich verheirateten sie. In der Legende wird die Hochzeit beschrieben. Dort heißt es: „Cantibus organis Caecilia virgo in corde suo soli Deo cantabat". – „Während die Musikinstrumente (der heidnischen Hochzeitsmusik!) erklangen, sang Cäcilia in ihrem Herzen allein für Gott".
Der Bräutigam Valerianus hatte großes Verständnis für Cäcilia. Er fand durch sie zum christlichen Glauben und ebenso sein Bruder Tiburtius. Allerdings wurden sie Opfer einer blutigen Christenverfolgung. Während die beiden Männer nach kurzer Haft mit dem Schwert hingerichtet wurden, hatte der Richter die Absicht, Cäcilia zur Aufgabe ihres christlichen Glaubens zu bewegen. Ihre klugen, manchmal spitzen Antworten bei der Gerichtsverhandlung verärgerten den römischen Präfekten, der das Verfahren selber führte. Man verordnete ihr ein heißes Bad, in dem sie den Tod finden sollte. Durch

die Rohre floß das heiße Wasser, aber Cäcilia überstand dieses Martyrium. Nun sollte der Henker sie enthaupten. Der Tod durch das Schwert war ein Vorrecht der römischen Bürger. Der Scharfrichter entpuppte sich als ein Stümper. Mehrmals mußte er zuschlagen, ohne den tödlichen Streich führen zu können. Cäcilia war schwer verletzt und starb wenig später. Sie wurde von ihren Mitchristen in den Katakomben, den unterirdischen Grabanlagen Roms, beigesetzt.

Stefano Maderna hat im 16. Jahrhundert eine einzigartige Marmorplastik von der Heiligen geschaffen, wie sie nach dem mißglückten Enthauptungsversuch hingestreckt und todwund daliegt. Palestrina, der bedeutende Komponist, der mehr als 100 Messen hinterlassen hat, gründete zu gleicher Zeit eine Bruderschaft zu Ehren der hl. Cäcilia, die sich der Pflege der Kirchenmusik verpflichtet wissen sollte. Im 19. Jahrhundert entstanden mit dem gleichen Ziel die „Cäcilienvereine“, und eine Kunstrichtung ähnlich den Nazarenern in der bildenden Kunst erhielt den Namen „Cäcilianismus“.

Wir möchten heute nur ungern auf die Orgelbegleitung des Kirchengesanges verzichten. Selbst kleine Gemeinden finanzieren oft unter großen Opfern die Restaurierung oder Neuanschaffung einer Orgel. Als die hl. Cäcilia († 230) lebte, war die Orgel, die man als die Königin der Instrumente bezeichnet, ein sehr kostspieliges Instrument. Sie war mehr oder weniger dem Kaiser und seinen öffentlichen Auftritten vorbehalten. Wenn der Kaiser eintrat, ertönte die Orgel. Sie war sein Salut. Sie wurde gespielt bei den kaiserlichen Prozessionen und den großen Audienzen. Als im 4. Jahrhundert die Kaiser der christlichen Religion angehörten, hielt die Orgel ihren Einzug ins Gotteshaus, denn gebührte Gott nicht noch mehr als dem Kaiser die höchste Ehre? Immer wieder jedoch gab es auch Zeiten, in denen Orgelmusik abgelehnt wurde, in denen man die Instrumente überhaupt aus der Kirche verbannt wissen wollte. Im 16. Jahrhundert wetterte der Bußprediger Savonarola ebenso gegen die Orgeln wie der Reformator Karlstadt, der die Forderung erhob: „Verweist Orgeln, Flöten und Trompeten auf das Theater!" Beide, und nicht nur sie waren der Meinung, der Orgelklang störe das andächtige Singen und Beten. Die Legende der hl. Cäcilia zeigt freilich sehr schön, daß es bei allem auf das Herz ankommt, denn „während die Musikinstrumente erklangen, sang Cäcilia in in ihrem Herzen allein für Gott ..."

Patronin der Kirchenmusik; der Chorsänger, Dichter, Musiker, Instrumenten- und vor allem Orgelbauer.

Christophorus

Patron der Reisenden

Jeder, der sich in sein Auto setzt, um in den Urlaub zu starten, startet in ein Abenteuer mit ungewissem Ausgang. Man kann sich gegen einiges versichern, jedoch nicht gegen alles. Den Rest wird man in andere Hände legen müssen, sozusagen in höhere Gewalt. Manche schwören, und das sind gar nicht so wenige, auf den hl. Christophorus.

Von Christophorus wird berichtet, er habe Leute um Gottes Lohn sicher von einem Ufer des gefährlichen Flusses zum anderen getragen. Eines Tages sei er von einem Kind gebeten worden, er möge es ans andere Ufer bringen. Er glaubte, die leichte Last spielend über den Fluß tragen zu können, aber das Kind sei immer schwerer geworden. Mit letzter Kraft sei er ans andere Ufer gekommen, um dort das Geheimnis des Kindes zu erfahren: „Du hast Christus getragen und mit ihm die ganze Welt". Auf den Schultern des riesenhaften Mannes thront das Christuskind mit der „kleinen" Welt. Wie einen Spielball hält es die Weltkugel in der Hand, während es die andere zum Segen erhebt.

Die Geschichte von Christophorus, der zu den 14 Nothelfern zählt und als Märtyrer verehrt wird, hat die Menschen beeindruckt. Wenn Jesus sich ihm anvertraut hat, dann können auch sie sich ihm anvertrauen. Sie haben das Bild des Heiligen sehr häufig außen an den Kirchturm gemalt, denn einer, der Christus und die ganze Welt getragen hat, muß ein Riese mit Bärenkräften gewesen sein. Das Mittelalter gibt seine Größe mit „zwölf Ellen" an. Jedesmal, wenn sie an der Kirche vorüberkamen, sahen sie sein Bild und verrichteten ein Stoßgebet: „Heiliger Christophorus hilf, daß ich gut ans andere Ufer komme!" Mit dem „anderen Ufer" meinten sie die Ewigkeit.

Wenn sie sich auf Reisen begaben, dann wandten sie sich an den hl. Christophorus, er möge sie wohlbehalten ans Ziel gelangen lassen. Reisen war noch nie ungefährlich. Man konnte vom Pferd stürzen und sich dabei den Hals brechen. Die Wegezölle konnten sich verteuert haben und Räuberbanden konnten einen ausplündern. Die Pest konnte aufflackern oder ein Krieg zum Ausbruch kommen. Man wußte sich bei einer Reise immer mit einem Fuß im Grab, also in der Nähe des „anderen Ufers". Der hl. Christophorus sollte seine schützende Hand über einen halten, damit man wenigstens das ewige Ziel wohlbehalten erreicht.

Reisen hat nichts von seiner Gefährlichkeit verloren, aber das macht auch seinen Reiz aus. Ein wenig Abenteuer möchte man schon erleben. Im Mittelalter waren Wegezölle zu entrichten, heute wird man über Benzinpreise und Autobahngebüh-

ren zur Kasse gebeten. Im Mittelalter konnte ein Regenguß die Straße unpassierbar machen, heute löst ein Unfall den kilometerlangen Stau aus und bringt die Urlaubsplanung durcheinander. Im Mittelalter konnten durchgehende Pferde einen in Lebensgefahr bringen, heute sind es die Raser, die sich der Pferdestärken nicht bewußt sind, die sie mit ihrem Druck aufs Gaspedal in Bewegung setzen. Da schaut man hilfesuchend zum hl. Christophorus, dessen Medaille am Armaturenbrett seit der letzten Fahrzeugsegnung angebracht ist, und bittet: „Heiliger Christophorus, bringe mich und alle, die im Autos sitzen, wohlbehalten ans Ziel!"
Der hl. Christophorus ist der Schutzpatron aller Reisenden, ganz gleich ob sie mit dem Fahhrad, mit dem Auto oder Motorrad unterwegs sind, ob mit dem Schiff auf hoher See oder mit dem Flugzeug in der Luft. Die Versicherungsgebühren sind bei ihm gering. Ein kurzes Gebet genügt. Vielleicht ist er deshalb so beliebt.
Patron des Verkehrs; der Furten, Bergstraßen; Schiffer, Flößer, Fährleute, Seeleute, Pilger, Reisenden, Kraftfahrer, Luftschiffer, Buchbinder, Färber, Lastenträger, Bergleute, hoffenden Frauen, Kinder; für gute Apfelernte; gegen jähen und unbußfertigen Tod, Gefahren durch Wasser und Feuer, Unwetter, Hagel, Widerwärtigkeiten.

Florian

4. Mai

Der Patron der Feuerwehr

Wer kennt ihn nicht, den Patron der Feuerwehr? In unzähligen Kirchen und an zahlreichen Häusern, vor allem an Feuerwehrhäusern ist er zu sehen: der hl. Florian. Als römischer Soldat löscht er ein brennendes Haus. Er ist unter den himmlischen Patronen für den Brandschutz zuständig. Wie kam es dazu?

Die mittelalterlichen Städte, in denen Fachwerkbau an Fachwerkbau stand, fürchteten neben der Pest nichts so sehr wie eine Feuersbrunst. Geriet ein Haus in Brand, brannten in der Regel ganze Straßenzüge ab. Die Leute kamen oft um ihr gesamtes Hab und Gut. Was lag näher, als sich an einen himmlischen Fürsprecher zu wenden, er möge einen vor Feuersgefahr bewahren? Manche freilich beteten sehr eigennützig: „Heiliger Sankt Florian, verschon unser Haus, zünd andere an!“ Das „Floriansprinzip“, wie man dieses eigennützige Denken nennt, ist nicht im Rückgang begriffen, man hat eher den Eindruck, daß es sich flächenbrandartig ausbreitet. Nichts aber lag dem hl. Florian ferner als der Gedanke: Eigennutz vor Gemeinnutz.

Es ist nicht ganz klar, wie der hl. Florian zu seinem Patronat kam. Eine Legende berichtet, daß er in jugendlichen Jahren dank seines Einsatzes den Brand

eines Hauses löschen konnte. Andere meinen, da der Heilige auf frühen Darstellungen immer einen Mühlstein trägt, daß dieses Symbol von manchen als Eimer angesehen worden sei, und er deshalb zum Patron der Löschkommandos wurde. Der Mühlstein erinnert daran, auf welche Weise Florian ums Leben kam. Er wurde in der Enns ertränkt, nachdem man ihm zuvor einen Mühlstein um den Hals gehängt hatte. Aber beginnen wir mit seiner Lebensgeschichte, die so tragisch endete, von vorne:
Florian wurde im 3. Jahrhundert als Sohn christlicher Eltern in der römischen Provinz Noricum geboren. Er wurde Soldat. Als römischer Legionär war für seinen Lebensunterhalt gesorgt. Der Dienst beim Militär fand unter Christen nicht allgemeine Zustimmung. Es mußte ein Eid auf den Kaiser abgelegt werden, den viele Christen nicht mit ihrem Gewissen vereinbaren konnten. Außerdem lag es in der Natur der Sache, daß von der Waffe, dem Schwert, der Lanze, Gebrauch gemacht werden mußte. Auch das war für Christen eine Gewissensfrage. Florian wechselte deshalb schon bald in die Heeresverwaltung. Er stieg bis zum obersten Leiter der Kanzlei des römischen Statthalters von Ufer-Noricum auf. Hier hätte er geruhsam seinem Dienst nachgehen können, hätten nicht die Edikte Kaiser Diokletians eine schlimme Christenverfolgung ausgelöst. Auch der Statthalter Aquilinus fühlte sich an die Durchführung der kaiserlichen Verfügung gebunden.

Es begann eine Jagd auf Christen. Schon bald hatte man in der Garnison 40 Jesusanhänger ausfindig gemacht. Sie wurden inhaftiert. Der Statthalter selbst wollte den Prozeß führen und ein Exempel statuieren. Florian war nicht entdeckt worden. Fieberhaft überlegte er, wie er seine Mitchristen retten konnte. Er sah keine andere Möglichkeit, als ihnen zur Flucht zu verhelfen. Bei dem Versuch, die Gefangenen zu befreien, wurde er selbst verhaftet. Auf die Frage des Statthalters, wie er dazu komme, diese Staatsfeinde zu befreien, bekannte er, daß er seit Kindheitstagen Christ sei. Der Statthalter wollte den Versuch der Gefangenenbefreiung straffrei ausgehen lassen, wenn er das vorgeschriebene Götteropfer darbringe. Dazu war Florian nicht zu bewegen. Daraufhin wurde er gefoltert. Als auch dies Florian nicht von seinem Glauben abbringen konnte, wurde er ertränkt. Da es bekannt war, daß die Christen ihre Toten in hohen Ehren hielten, vor allem dann, wenn sie das Martyrium erlitten hatten, wollte der Statthalter einen solchen Kult für Florian unterbinden, indem er ihn mit einem Mühlstein versenken ließ.
Der Leichnam des Martyrers wurde jedoch trotz Mühlstein vom Wasser wieder freigegeben, so daß die Christen ihm ein würdiges Begräbnis bereiten konnten. Dies ereignete sich im Jahre 304. Heute erhebt sich über seinem Grab das Augustiner-Chorherrenstift St. Florian, ein großartiges barockes Bauwerk bei Linz in Österreich. Der Komponist Anton Bruckner wirkte hier als Organist und zahlreiche

Kompositionen entstanden in dieser Zeit. Künstler aller Jahrhunderte haben den Fürsprecher in Feuersgefahr verewigt und die Feuerwehrleute nennen sich bis zum heuten Tag „Floriansjünger“.
Patron von Oberösterreich; gegen Feuers- und Wassergefahr, bei Dürre und Unfruchtbarkeit der Felder; der Böttcher, Hafner, der Feuerwehr.

4. Oktober

Franz von Assisi

Patron der Armen

Seine Eltern hatten ihm bei der Taufe den Namen Giovanni gegeben, aber sein Vater, der reiche Tuchhändler Pietro Bernardone, nannte ihn voller Glück „Francesco“, kleiner Franzose, denn die Mutter des Kindes stammte aus dem Süden Frankreichs, aus der Provence.
Francesco wuchs als verwöhntes Einzelkind auf. Am wohlsten fühlte er sich im Kreis seiner Freunde. Der väterliche Betrieb interessierte ihn nicht. Kaufmännisches Denken ging ihm ab. Musizieren und Singen machte ihm Spaß. Die Troubadoure begeisterten ihn. Ein Ritter und kein Kaufmann wollte er werden.
Als es im Jahre 1202 zwischen seiner Vaterstadt Assisi und der Nachbarstadt Perugia zum Krieg

kam, zog Francesco hoch zu Roß in den Kampf. Assisi verlor den Krieg, und der Traum vom Rittertum war ausgeträumt. Ein ganzes Jahr verbrachte er im Gefängnis. Er hatte Zeit, über seine Zukunft nachzudenken. Andere in seinem Alter hatten das Geschäft ihres Vaters übernommen und eine Familie gegründet. Er konnte sich zu nichts entschließen.
Beim Besuch der Kapelle von San Damiano hörte er vom Kreuz Jesus zu ihm sagen: „Franziskus, baue meine Kirche wieder auf!“ Er dachte an die Kapelle von San Damiano, die am Einfallen war. Es fiel ihm gar nicht leicht zu mauern und zu verputzen. Seine Hände waren keine körperliche Arbeit gewohnt. Kaum hatte er die Kapelle gerichtet, entdeckte er eine andere baufällige Kapelle. Zu Hause tauchte er kaum mehr auf. Er lebte von dem, was die Leute ihm schenkten.
Der Vater litt darunter und machte sich Vorwürfe. Schließlich ging er zum Bischof von Assisi, um gegen den mißratenen Sohn Klage zu führen. Franziskus wurde vor das bischöfliche Gericht zitiert. Ein enttäuschter Vater und sein einziger Sohn standen sich gegenüber. Es kam zu keiner Versöhnung. Franziskus zog einen Schlußstrich unter sein bisheriges Leben als Sohn eines reichen Vaters. Nichts wollte er mehr haben, nichts besitzen. Er verzichtete auf alle Ansprüche. Selbst die Kleider, die er trug, legte er ab. Nackt stand er zwischen dem Vater und dem Bischof. „Von jetzt an habe ich nur mehr einen Vater, den Vater im Himmel.“

Im Grunde genommen war Franziskus immer noch auf der Suche nach seinem Beruf. Da hörte er bei der heiligen Messe, inzwischen war er 28 Jahre alt, Jesu Wort: „Ich sende euch wie Lämmer mitten unter die Wölfe. Tragt nicht Beutel, noch Tasche, noch Schuhe …“ Das war seine Berufung: Jesus nachzufolgen. Das Evangelium wortwörtlich zu leben. Arm wollte er sein und den anderen Jesus nahebringen.
Bald fand Franziskus Gefährten, die das gleiche Ideal wie er hatten. Sie gingen zum Papst. Sie erbaten seinen Segen für ihre Gemeinschaft und die Regel, nach der sie lebten. Innozenz III. erkannte weitsichtig die Bedeutung der „Minderbrüder“, wie sie sich nannten. Bislang hatten sich solche Armutsbewegungen immer in einer Gegnerschaft zur Kirche befunden. Innozenz III. wollte ihnen Heimat in der Kirche geben und auf diese Weise den sektiererischen Katharern und Albigensern den Boden entziehen.
Es war keinesweg ein idyllisches Leben, das Franziskus mit seinen Gefährten führte. Wie oft gingen die Brüder hungrig zu Bett, genauer gesagt: legten sich schlafen, denn ihr Bett war die bloße Erde? Trotzdem ging von ihnen soviel Freude aus, daß immer mehr kamen und baten, in die Gemeinschaft aufgenommen zu werden. Auch Frauen baten um Aufnahme, allen voran Klara von Assisi. Mütter und Väter begeisterten sich an den Idealen des Franziskus, und er wurde im 3. Orden ihr geistlicher Vater.

Alle Aktivitäten standen im Gehorsam zu Bischof und Papst. Den Gehorsam stellte Franziskus neben die Armut. Barfuß zog er durch Umbrien und die Toskana. Seine schlichten Predigten begeisterten die Menschen und, wie die Legende berichtet, auch die Vögel. Nach Spanien und Dalmatien führte ihn der Weg. Er reiste sogar bei einem Kreuzzug mit, in der Absicht, den Sultan von Ägypten zu bekehren. Ein fast selbstmörderischer Vorgang. Er sah sich und seine Gefährten bereits als Martyrer. Zwar konnte er den Sultan nicht bekehren, aber er hinterließ einen tiefen Eindruck.

Das Martyrium war nicht sein Weg, wohl aber die Enttäuschung. Im Lauf der Jahre wurde das Armutsideal gelockert. Die Gelehrsamkeit hielt Einzug in den Orden. Der magenkranke und fast erblindete Franziskus klagte: „Man hat mir meinen Orden genommen."

Franziskus, der Jesus nachfolgen wollte und das Evangelium wortwörtlich nahm, war schließlich Christus so gleichförmig geworden, daß sein Körper sogar die Wundmale Jesu trug. Als er den Tod nahen fühlte, fügte er seinem Sonnengesang noch die Strophe hinzu: „Gelobt seist du, mein Herr, durch unsern Bruder, den leiblichen Tod, ihm kann kein lebender Mensch entrinnen." Gerade 45 Jahre alt, starb er am 3. Oktober 1226. Die Faszination, die von seiner gelebten Christusnachfolge ausgeht, reicht bis in unsere Zeit.

Patron seiner Orden; Italiens; der Armen, der Flachshändler, Tuchhändler, Kaufleute, Schneider, Weber; der Sozialarbeit, des Umweltschutzes.

24. Januar

Franz von Sales

Patron der Journalisten

Wäre es nach seinem Vater gegangen, dann hätten die Herzöge von Savoyen oder der König von Frankreich einen tüchtigen Juristen und Staatsbeamten bekommen, aber Franz von Sales, der an der Pariser Sorbonne Rechtswissenschaften studierte, machte – krank vor Heimweh – eine tiefe religiöse Krise durch, an deren Ende sein Entschluß stand, Priester zu werden. Der Vater fand sich damit ab und sorgte auch gleich dafür, daß sein Sohn nicht als Kaplan beginnen mußte. Der Bischof von Genf, der seit der Reformation in Annecy residierte, ernannte den Neupriester aus dem alteingesessenen Adelsgeschlecht zum Domprobst. Franz ging seine Aufgabe mit Eifer an. Immer wieder, oft mehrmals am Tag, lud die Glocke der Kathedrale zur Predigt, und immer war es Franz selbst, der predigte. Die Leute waren begeistert, nur der Vater machte boshafte Bemerkungen über diesen „Dauerprediger", der sich einbilde, er könne die Welt verändern.

„Willst du die Welt verändern, dann fange bei dir an!“ Nach diesem Grundsatz verfuhr Franz von Sales, der mit 35 Jahren Bischof von Genf wurde. Von Natur aus neigte er zum Zorn, aber er machte es sich zum Grundsatz, stets so lange zu schweigen, bis er sich in der Gewalt hatte. Von ihm stammt auch der Rat: „Mit einem Löffel Honig fängt man mehr Fliegen als mit einem Faß Essig“. Als er eines Nachts seinen Diener völlig betrunken auf der Straße fand, brachte er ihn selber nach Hause und ins Bett. Der Diener trat am nächsten Tag seinen Dienst mit recht schlechtem Gewissen an. Franz von Sales hielt ihm keine Standpauke, sondern bemerkte lediglich: „Gestern abend mußt du wohl recht krank gewesen sein.“

Franz von Sales war nicht nur ein bekannter Prediger, der mehrfach am französischen Hof die Fastenpredigten hielt, sondern auch ein gefragter Beichtvater und Seelenführer. Sein großes Einfühlungsvermögen und sein Sinn für gesunde Religiosität kommt in den mehr als 200 Briefen, die noch erhalten sind, zum Ausdruck. Er verstand es sowohl Ordensleuten wie Menschen, die mitten im Leben standen, zu raten. Es fehlte ihm nie an Humor. Als eine Dame der Gesellschaft ihn befragte, ob sie sich schminken solle oder nicht, gab der Bischof ihr zur Antwort: „Wenn Sie unsicher sind, Madame, dann schminken Sie die eine Seite ihres Gesichts und die andere nicht.“

Franz von Sales war unermüdlich tätig, und seine geistlichen Schriften haben das religiöse Leben über

Frankreich hinaus beeinflußt. Er war ein äußerst vielseitiger Schriftsteller, der Flugblätter und Texte aller Art verfaßt hat. Sein Buch „Philothea" wurde sogar ein in viele Sprachen übersetzter Besteller. Er, der selber in jungen Jahren an Depressionen litt, schrieb: „Gott ist ein Gott der Freude. Die Freude ist also eine echt religiöse Haltung. Freude öffnet, Traurigkeit verschließt das Herz."

Der Bischof von Genf, den der Papst gerne als Kardinal nach Rom berufen hätte, erlitt während einer Predigt einen Schlaganfall und starb wenige Tage später, am 24. Januar 1622, im Alter von 55 Jahren. Unvergessen bleiben seine Liebenswürdigkeit und Güte, sein Humor und nicht zuletzt seine gesunde Frömmigkeit, die ihn sagen ließ: „Man muß seine Unvollkommenheit ertragen, um zur Vollkommenheit zu gelangen."

Daß die Kirche den hl. Franz von Sales den Journalisten zum Patron gegeben hat, hängt sicher damit zusammen, daß er die Kunst verstand, die Wahrheit mit Liebe zu sagen bzw. zu schreiben. Darin allerdings sollte er nicht nur den Journalisten ein Vorbild und Fürsprecher sein.

Patron der nach ihm benannten Orden; der Schriftsteller und der katholischen Presse.

Georg

Für alle Ritter

Der hl. Georg zählt zu den Soldatenheiligen wie Mauritius und Sebastian. Er hat wie sie in der großen Christenverfolgung unter Kaiser Diokletian im vierten Jahrhundert das Martyrium erlitten. Zahlreiche Legenden ranken sich um sein Leben. Eine Legende hat das Bild des Heiligen am stärksten geprägt: die Legende vom Drachentöter.
In der „Legenda aurea“ des Jacobus de Voragine wird vom hl. Georg folgendes erzählt: In einem See vor der Stadt Silena in Libyen hauste ein Drache und verpestete die Luft mit seinem Gifthauch. Täglich mußten ihm zwei Schafe geopfert werden und, nachdem die Schafe zu Ende gegangen waren, jeden Tag ein Mensch. Eines Tages fällt das Los auf die Tochter des Königs. Nach einem herzzerreißenden Abschied von den Eltern geht sie an den See hinaus. Da erscheint Georg und bohrt dem Untier die Lanze in die Seite. Die Königstochter läßt er die halbtote Bestie mit ihrem Gürtel in die Stadt führen. Die Einwohner lassen sich mitsamt ihrem König taufen, und Georg tötet den Drachen endgültig. Der Kadaver wird mit fünf Ochsen aus der Stadt geschleift und im See versenkt.

Man kann sich vorstellen, daß Ritter und Kreuzfahrer zu diesem Heiligen eine ganz besondere Beziehung fanden. Die Ideale des Rittertums sahen sie in dem tapferen Georg verwirklicht: die Verteidigung der Schwachen, den Kampf gegen einen übermächtigen Gegner, das Eintreten für den Glauben an Christus. Unerschrockene Männer wie König Richard Löwenherz von England erwählten den hl. Georg zu ihrem Patron. Die Deutschordensritter stellten sich unter den Schutz des Heiligen.
Die Verehrung des hl. Georg geht freilich weiter zurück. In Griechenland zählte er von jeher zu den beliebtesten Heiligen. Man nennt ihn dort „Großmartyrer", und dies auf Grund einer anderen Legende, in der berichtet wird, daß Georg dreimal starb und jedesmal wieder zum Leben erweckt wurde. Als er das erste Mal im Gefängnis war, erschien ihm Christus und sagte ihm einen siebenjährigen Leidensweg voraus. Beim ersten Martyrium wurde er auf ein Rad geflochten. Er hat es überlebt. Ein anderes Mal schlug man ihm 60 Nägel in den Kopf. Man hielt ihn für tot, aber Georg kam wieder zu sich. Schließlich wurde er mit Pferden gevierteilt. Nicht einmal aber hat er seinen Glauben verleugnet. Viele jedoch kamen durch sein Glaubenszeugnis zum Christentum.
Das Königsgeschlecht der Merowinger förderte die Verehrung des Glaubenszeugen, und bereits im 9. Jahrhundert gelangten Reliquien des hl. Georg auf die Reichenau im Bodensee. In der Blüte des Rit-

tertums wurden ihm zahlreiche Kirchen geweiht. Das Königreich England stellte sich 1222 unter den Schutz des Heiligen, und das Land zwischen dem Kleinen und dem Großen Kaukasus wird Georgien genannt. Wie stolz man noch heute darauf ist, bewies die Taufe des Altkommunisten Edward Schewardnadse, der inzwischen Präsident Georgiens ist und sich auf den Namen Georg taufen ließ.
Den Namen des hl. Georg legte sich auch Martin Luther bei, als er nach Verhängung der Reichsacht 1521 aus Worms geflohen war und auf der Wartburg Unterschlupf fand. „Junker Jörg" hatte damals den Ordenshabit der Augustiner ausgezogen und sich auf den Kampf gegen Kaiser und Papst eingelassen. Als Junker Jörg machte er sich an die Bibelübersetzung, die als „Lutherbibel" Geschichte gemacht hat und die Entwicklung der deutschen Sprache maßgeblich beeinflußte.
In Bayern begründete Kurfürst Karl Albrecht († 1745), der spätere Kaiser Karl VII., den St. Georgs-Ritterorden, dessen Großmeister der jeweilige bayerische Regent war. In diese Zeit fällt auch der Bau des Klosters Weltenburg in Niederbayern. Die Gebrüder Asam haben dort dem hl. Georg eine einmalig schöne Kirche errichtet.
Die Gedanken des Rittertums und der Ritterlichkeit verbinden sich durch die Jahrhunderte mit dem Drachentöter St. Georg. Es ist deshalb nicht verwunderlich, daß die Pfadfinder diesen Kämpfer für die gute Sache als ihren Patron verehren.

Nicht unerwähnt bleiben darf, daß der hl. Georg zu den vierzehn Nothelfern gehört und damit zu jenen Heiligen, die in allerlei Nöten besonders angerufen werden. Die Nöte, in denen St. Georg hilft, sind neben Kriegsgefahr und Pest auch Fieber und Schlangenbiß. Er wird auch angerufen als Verteidiger gegen Beschimpfungen und bei übler Nachrede. Vor allem aber ist er ein Viehpatron. Deshalb erfolgen an seinem Festtag zahlreiche Georgi-Ritte mit Pferdesegung.

Patron der Ritterorden, der Pfadfinder; Artisten, der Bauern und ihres Hab und Gutes, der Bergleute, Büchsenmacher, Gefangenen, Rüstungsmacher, Kavalleristen, Landsknechte, Reiter, Ritter, Sattler, Schmiede, Schützen, Soldaten, Waffenschmiede; Spitäler; Pferde, des Viehs; für den Glauben; in Kämpfen aller Art; Kriegsgefahr; gegen Fieber, Schlangenbiß; Beschimpfungen, üble Nachrede, Versuchungen.

25. Juli

Jakobus

Patron der Pilger

Das Mittelalter kannte drei große Wallfahrtsorte: Jerusalem, Rom und Santiago di Compostela. In Jerusalem besuchte man die Heiligen Stätten. Man

ging den Kreuzweg Jesu mit, verweilte auf Golgotha und besuchte schließlich die Grabeskirche als den Ort der Auferstehung Christi. In Rom waren die Gräber der Apostelfürsten Petrus und Paulus Ziel der Pilgerfahrt, und man wollte den Segen des Nachfolgers des hl. Petrus, des Papstes, mit nach Hause nehmen. Aus ganz Europa aber pilgerten Menschen ohne Unterschied, hoch und niedrig, jung und alt, Heilige und Büßer, nach Spanien, um am Grab des Apostels Jakobus zu beten.
Allein durch Frankreich führten vier große Pilgerstraßen, und auch in Deutschland gab es feste Pilgerrouten für die Wallfahrer zum hl. Jakobus nach Santiago di Compostela. Was machte die Anziehungskraft dieses Heiligen aus? Er war einer der zwölf Apostel. Jesus nannte ihn und seinen Bruder Johannes „Donnersöhne". Sie hatten wohl ein etwas jähes Temperament. Es wird berichtet, daß sie auf ein samaritanisches Dorf, das sie nicht aufnahm, am liebsten Feuer und Schwefel herabgerufen hätten. Für Jesus wären sie durchs Feuer gegangen. Allerdings besaßen sie auch einen starken Ehrgeiz. Die ersten Plätze in dem kommenden Reich hätten sie ganz gerne eingenommen. Ihre Mutter trug diesen Wunsch Jesus persönlich vor. Als Jesus sehr ernüchternd von dem Kelch des Leidens sprach, den derjenige trinken muß, der einen vorderen Rang im Reich Gottes einnehmen will, und die beiden fragt, ob sie das auf sich nehmen wollten, sagten sie voll Selbstbewußtsein: „Wir können es".

Am Tabor durften sie dabei sein, als Jesus vor ihren Augen verklärt wurde. So vieles erlebten sie unmittelbar bis hin zum Letzten Abendmahl. Am Ölberg sind sie freilich eingeschlafen. Jesus rechnete mit ihrem Beistand, mit ihrem Gebet, sie aber schliefen. Nach der Verhaftung Jesu suchte Jakobus das Weite, während Johannes im Vorhof des Hohenpriesters wie Petrus wartete, was mit Jesus werden würde. Am Ostersonntag sind sie dem auferstandenen Herrn begegnet, und dies durch vierzig Tage hindurch, bis der endgültige Abschied am Himmelfahrtstag kam. Mit den anderen betete Jakobus um das Kommen des Heiligen Geistes, um dann nach dem Pfingstfest zu predigen. Viele schlossen sich ihnen an. Sie ließen sich taufen. Sie glaubten, daß Jesus der Messias ist, mehr noch, daß Jesus Gottes Sohn ist. König Herodes wollte dieser Predigt ein Ende setzen, indem er Jakobus verhaften und ohne langen Prozeß mit dem Schwert hinrichten ließ. Das war im Jahre 44 nach Christi Geburt. Viele Christen flohen aus Jerusalem und dem Herrschaftsbereich des Herodes. Dies führte sehr rasch zu einer weiten Verbreitung der frohen Botschaft.
Später brachte man die Gebeine des toten Apostels auf den Sinai. Um sie vor den islamischen Arabern zu schützen, rettete man sie nach Spanien. Jedoch auch dort befanden sich die Anhänger des Islam auf dem Vormarsch. Dies veranlaßte die Christen, die Reliquien zu verstecken. Da leuchtete über dem Sarg des Heiligen im 9. Jahrhundert ein Stern

auf. Er führte zu dem Versteck, und eine Wallfahrt setzte ein, die ganz Europa erfaßte. Von England und Schweden, von Polen und Holland, von Frankreich und Deutschland, von allüberall her kamen Pilger. Die Gastfreundschaft blühte auf. Man reichte den frommen Wallfahrern Brot und Wasser, da und dort auch einen Schluck Wein. Man konnte die Jakobuspilger an ihrem Pilgerstab und dem breitkrempigen Hut mit der Muschel erkennen.
Die Spanier berichten, daß ihnen „Santiago", wie sie Sankt Jakobus nannten, im Kampf gegen die Mauren eine große Hilfe gewesen sei. Man sah ihn auf einem Schimmel, begleitet von himmlischen Heerscharen, in die Kämpfe eingreifen. Die christlichen Streiter eilten deshalb von Sieg zu Sieg und konnten die Mauren im Lauf der Zeit immer weiter zurückdrängen. Spanien und Portugal sehen deshalb im hl. Jakobus ihren Schutzpatron. Reformation und Säkularisation, Aufklärung und Kriege brachten die Wallfahrt allmählich zum Erliegen. Europa war in Nationalstaaten auseinandergefallen, die sich gegenseitig bekämpften, und das einende Band des Glaubens war schwächer geworden, wenn nicht gar brüchig. Erst in den letzten Jahren hat die Wallfahrt nach Santiago di Compostela neuen Auftrieb erhalten. Vor allem junge Menschen begeben sich auf diesen Pilgerweg und machen dabei Erfahrungen, die ihr weiteres Leben prägen. Man könnte sagen, der Stern ist erneut über Santiago di Compostela aufgegangen, und Ja-

kobus führt die Wallfahrer auf seine Weise hin zu Christus, damit sie ihm wie er begegnen und das Kreuz annehmen, das sie zu tragen haben.
Der hl. Jakobus gilt als Patron der Pilger, der Hutmacher, der Strumpfwirker, der Ritter; und als Patron Spaniens.

24. Juni

Johannes der Täufer

Patron der Hirten

„Johannes soll er heißen", so schreibt es Zacharias auf das Wachstäfelchen, als die Verwandtschaft erstaunt von Elisabeth hört, welchen Namen das Kind erhalten soll. Der Vater bestätigt damit die Namenswahl der Mutter. Johannes heißt zu deutsch: Gott ist gnädig. Und das haben Zacharias und Elisabeth an sich selbst erlebt. Sie hatten schon längst die Hoffnung auf ein Kind aufgegeben. Das war für einen Israeliten doppelt schmerzlich, denn Kinderlosigkeit bedeutete, daß man ausgeschlossen war von der Hoffnung auf den Messias. Gott aber hat sich ihrer erbarmt. Zacharias konnte es zunächst gar nicht glauben. Er wird für seinen Unglauben mit Stummheit gestraft.
Johannes erweist sich seines Namens würdig. Gott ist gnädig, davon legt er Zeugnis ab, als er am Jor-

dan predigt. Er trägt „ein Gewand aus Kamelhaaren und einen ledernen Gürtel“ und lebt „von Heuschrecken und wildem Honig.“ Er mahnt zu Buße und Umkehr. Gottes Gnade wendet er den Menschen zu, als er ihnen die Bußtaufe zur Vergebung ihrer Sünden spendet. Nun könnte man fragen, war Gott ihm auch gnädig, als König Herodes ihn ins Gefängnis werfen ließ? Er hatte auch den König zur Umkehr gemahnt. Er hatte ihm sein ehebrecherisches Verhalten vorgehalten. Johannes stellte Gottes Gebot höher als sein eigenes Leben.

Gewiß, es blieb ihm die Nacht des Zweifels nicht erspart. Er schickte seine Jünger zu Jesus mit der bangen Frage: „Bist du es, der da kommen soll, oder müssen wir auf einen anderen warten?“. Wo war die Sicherheit des Propheten geblieben, der am Jordan auf Jesus hingewiesen hatte: „Seht das Lamm Gottes, das hinwegnimmt die Sünde der Welt“? Hatte er damals nicht von sich gesagt: „Nach mir kommt einer, der ist stärker als ich“? War er sich damals nicht bewußt: „Ich bin nicht einmal wert, ihm die Schuhriemen zu lösen“? War er nicht Zeuge der himmlischen Bestätigung: „Du bist mein geliebter Sohn, an dir habe ich Gefallen gefunden“? Dies alles war wie weggewischt. Hatte auch er einen anderen Messias erwartet? Einen, der das Reich Davids wiederherstellt? Einen, der ihn aus dem Gefängnis befreit? „Ja, bist du es der da kommen soll, oder müssen wir auf einen anderen warten?“

Jesus gibt den Jüngern des Johannes die Antwort: „Blinde sehen wieder, und Lahme gehen; Aussätzige werden rein, und Taube hören; Tote stehen auf und den Armen wird das Evangelium verkündet. Selig ist, wer an mir keinen Anstoß nimmt." Jesus weist hin auf die messianischen Zeichen, durch die offenbar wird, daß das Heil angebrochen ist. Johannes wird bald darauf hingerichtet. Jesus aber spricht voll Hochachtung von diesem Blutzeugen, dem letzten Propheten des Alten Bundes: „Unter allen Menschen hat es keinen größeren gegeben als Johannes den Täufer."

Die Beziehung zwischen Johannes und Jesus ist sehr eng. Dies wird deutlich bei der Verkündigung, als Maria vom Engel Gabriel auf Elisabeth hingewiesen wird. Dies wird noch offenbarer bei der Begegnung der beiden Frauen, wo die Schrift sagt: „Als Elisabeth den Gruß Marias hörte, hüpfte das Kind in ihrem Leib." Johannes wird zum Wegbereiter Jesu. Er kündigte das Kommen des Messias an. Und als Jesus an den Jordan kommt, sträubt er sich, Jesus zu taufen, denn er ist sich bewußt, daß er es viel nötiger hätte, von Jesus getauft zu werden.

Die Kirche hat diese enge Beziehung zwischen Johannes und Jesus immer gesehen, und wenn sie das Geburtsfest des Täufers genau sechs Monate vor der Geburt Christi feiert, dann wird das ganz deutlich unterstrichen, denn die Kirche feiert, abgesehen von der Gottesmutter Maria, keinen weiteren Geburtstag. Der Geburtstag eines Petrus oder Paulus, der Geburtstag anderer großer Heiliger, ob es Theresa von Avila oder Birgitta von Schweden ist, Benedikt oder Franziskus, wird mit keinem Gedenken geehrt. Was zählt, ist der Todestag, denn er ist der Geburtstag für den Himmel. Wenn Papst Johannes Paul II. Geburtstag hat, ist dies für ihn ein gewöhnlicher Arbeitstag. Gefeiert wird der Namenstag, denn er erinnert an die heilige Taufe und läßt uns auf den Namenspatron schauen, der das Ziel erreicht hat, den Himmel, zu dem wir gleichfalls unterweg sind.

Das Leben des Johannes stand von Anfang an in Beziehung zu Jesus. Der Täufer hat sich nie größer gemacht, als er war. Er hat aber den Platz, an den Gott ihn gestellt hat, ganz ausgefüllt. Aus der Beziehung zu Jesus müssen auch wir leben, wenn wir den Platz ausfüllen wollen, an den Gott uns gestellt hat.

Patron der Lämmer, Schafe, Haustiere; Hirten, Gerber, Kürschner, Sattler, Bauern, Musiker, Sänger, Tänzer, Kinobesitzer; der Weinstöcke; der Abstinenten, der Trinkerfürsorge; gegen Fallsucht, Krämpfe, Schwindel, Kinderkrankheiten, Tanzwut; Furcht und Hagel.

Johannes Maria Vianney

Der Patron der Pfarrer

Die Aufforderung Jesu: „Bittet den Herrn der Ernte, Arbeiter für seine Ernte zu schicken“, gilt durch die Jahrhunderte. In den Jahren der französischen Revolution verstummte zwar das Gebet in vielen Gemeinden, aber andere beteten um so inniger um gute, um heiligmäßige Priester. Die Leute erlebten Pfarrer, Bischöfe, die ihr Amt aufgaben. Andere blieben Pfarrer, aber sie fühlten sich als Beamte der Revolutionsregierung. In ihren Predigten redeten sie von Freiheit, Gleichheit und Brüderlichkeit. Nicht mehr „Pfarrer“ wollten sie genannt werden, sondern „Bürger“. Mit jedem standen sie auf Du und Du. Und da gab es schließlich doch noch Priester, die den Eid auf die Verfassung nicht leisteten. Sie mußten untertauchen. Wurden sie erkannt, wurden sie verraten, war ihnen das Todesurteil sicher. Hunderte starben unter der Guillotine.

Die Familie Vianney in Dardilly ging nicht mehr zur Kirche. Das Geschwätz des Pfarrers konnte man nicht hören. Man betete zu Hause den Rosenkranz. Tag für Tag. Dann und wann kam ein Priester. Alles mußte geheim geschehen. In der Küche legte der elfjährige Johannes Maria die erste heilige Beichte ab. Im Heustadel empfing der Dreizehnjährige die erste heilige Kommunion. Gerne wäre er Priester geworden, aber die Zeiten waren ungünstig, außerdem brauchte man auf dem Hof einen Knecht. Mit 19 begann er Lateinunterricht zu nehmen. Es war zum Verzweifeln. Sein Kopf behielt die Wörter nicht, die grammatischen Regeln noch viel weniger. Er betete, aber das Gedächtnis wurde trotzdem nicht besser. Hätte er im Pfarrer von Ecully nicht einen so warmen Fürsprecher gehabt, wäre es wohl nichts mit dem Priesterseminar geworden. Man nahm ihn auf. Alle Professoren stimmten überein: Er ist fromm und brav, aber völlig ungeeignet für das Studium. Man muß es als ein Wunder bezeichnen, daß er zur Priesterweihe zugelassen wurde. Der Generalvikar äußerte: „Er ist fromm. Er betet den Rosenkranz. Die Kirche braucht nicht nur gelehrte Priester, sondern auch fromme und das an erster Stelle." Allerdings erhielt er die ersten drei Jahre keine Erlaubnis zum Beichthören.

Schließlich gab man ihm eine 200-Seelen-Pfarrei mit schlechtem Ruf. Im Ort befanden sich vier Gasthöfe. Die Kirche blieb am Sonntag, im Gegensatz zu den Wirtshäusern, nahezu leer. Als Johannes Maria Vianney nach Ars kam, fragte er ein Kind nach dem Weg. Es gab ihm bereitwillig Auskunft. Der neue Pfarrer dankte und fügte hinzu: „Du hast mir den Weg nach Ars gezeigt. Ich werde dir den Weg zum Himmel zeigen." Schon nach wenigen Jahren füllte sich die Kirche Sonntag für Sonntag, und auch werk-

tags nahmen die Leute an der heiligen Messe teil. Johannes Maria Vianney war alles andere als ein guter Prediger. Alles hatte er auswendig gelernt. Er sprach viel zu schnell, um den Faden nicht zu verlieren. Trotzdem zündeten seine Predigten, weil sie überzeugten. Sein Geheimrezept der Pastoral war das Gebet, verbunden mit Fasten. Natürlich ging er jedem nach. Er wurde nicht müde zu mahnen, ins Gewissen zu reden und zu ermutigen. Schon bald sprach es sich herum, daß der Pfarrer von Ars ein guter Beichtvater ist. Die Leute aus den Nachbarorten kamen zunächst aus Neugierde, denn die Veränderung von Ars war offensichtlich. Wirtschaften hatten schließen müssen. Man hörte nichts mehr von Wirtshausschlägereien. Die Zahl der notorischen Säufer war deutlich im Sinken begriffen. Das Fluchen befand sich am Aussterben. Man sah keinen Bauern mehr am Sonntag auf den Feldern beim Arbeiten. Man sprach vom „Wunder von Ars".
Hatte man anfänglich über die Predigten des Pfarrers gespottet, jetzt wollte man keine versäumen, denn jeder spürte: Ihm war es Ernst mit dem, was er sagte. Wie oft sprach er vom Geschenk der heiligen Beichte: „Man kann die Güte nicht begreifen, die Gott für uns gehabt hat, dieses große Sakrament der Buße einzusetzen." Und an die Adresse all derer, die den Gottesdienst für langweilig halten: „Der Mensch im Stand der Sünde ist immer traurig. Was er auch anfängt, alles ekelt ihn an, nichts macht ihm Freude."

Der fromme Pfarrer von Ars wurde zum Ziel vieler Menschen. Sein Beichtstuhl war umlagert. Stundenlang saß er, um sich die Bekenntnisse anzuhören und das Wort der Vergebung zu sprechen. Mit Ergriffenheit nahmen sie an der heiligen Messe teil. Von ihr sagte Johannes Maria Vianney: „Alle guten Werke zusammen haben nicht den gleichen Wert wie das heilige Messopfer, denn jene sind Menschenwerk, die heilige Messe aber ist Gottes Werk“. Wird an einem Priester wie dem Pfarrer von Ars nicht die ganze Größe priesterlichen Dienstes deutlich?
Johannes Maria Vianney wird als Patron der Pfarrer verehrt.

19. März

Josef

Patron der Sterbenden

Die Evangelisten, die uns das Leben Jesu aufgeschrieben haben, berichten vor allem über seine öffentliche Tätigkeit. Matthäus und Lukas erzählen auch von der Geburt und der Kindheit. Angefangen von den Jugendjahren Jesu bis hin zur Taufe am Jordan besteht eine große Lücke in der Überlieferung.
Da der hl. Josef beim öffentlichen Auftreten Jesu nicht mehr erwähnt wird, kann davon ausgegan-

gen werden, daß er zu diesem Zeitpunkt bereits gestorben war. Während Maria und ihre Lebensumstände schon in der frühen Kirche von Interesse waren, blieb der Nährvater im Hintergrund. Ein Kranz von Legenden entstand. Es sind Mariengeschichten, die zu einer ganzen Reihe von Marienfesten führten. In mancher Legende kommt auch Josef vor. Ihm haben die Geschichtenerzähler keine so große Aufmerksamkeit gewidmet. Es war Bernhard von Clairvaux (†1153), der in seinen Predigten und Betrachtungen den hl. Josef als eine wichtige Gestalt im Leben Jesu entdeckte. In den ersten tausend Jahren der Kirchengeschichte sah man in Josef eine Randfigur, dem im Heilsplan Gottes lediglich eine Statistenrolle zukam. Angeregt vom hl. Bernhard beschäftigten sich zunehmend mittelalterliche Gelehrte mit dem Nährvater Jesu. Erst im 15. Jahrhundert widmete die Kirche dem Beschützer und Ernährer der heiligen Familie ein eigenes Fest. Dies ist vor allem den Franziskanern zu danken. Sie trugen die Verehrung des hl. Josef unter das Volk.

Der hl. Josef wurde als treusorgender Nährvater und als tüchtiger Handwerker verehrt. Zahlreiche Kunstwerke sind in diesem Zusammenhang entstanden. Bei der Betrachtung über das Leben des hl. Josef stieß man auf den Umstand, daß der Pflegevater beim öffentlichen Auftreten Jesu nicht mehr in Erscheinung trat. Man folgerte daraus, Josef sei schon vor der Taufe Jesu am Jordan gestorben. Das

Sterben des hl. Josef suchte man sich vorzustellen: Maria umsorgte bis zuletzt den ihr angetrauten Mann, der ihr ein wirklicher Lebensgefährte geworden war. Sie betete für ihn und sie betete mit ihm. Jesus ist herbeigeeilt, um Josef in seinen letzten Stunden beizustehen. Er nahm ihn bei der Hand. Er ließ ihn seine Nähe fühlen. Er dankte ihm für sein treues Sorgen und sein stilles Vorbild. Er half ihm, sein Leben ganz in Gottes Hände zu legen. Niemand aber hätte dem Sterbenden besser sagen können, was ihn jenseits der Todesmauer erwartet als Jesus. Josef sieht Jesus, der ihm so sehr ans Herz gewachsen ist, dessen Lebensweg er gerne noch weiter begleitet hätte, und er fühlt sich getröstet. In Jesus sieht er den himmlischen Vater, zu dem er heimgehen darf.

Wer wünschte sich nicht, im Kreise seiner Lieben sterben zu dürfen? Die vertraute Umgebung und vertraute Menschen, das empfindet ein Sterbender als tiefen Trost. Die Lippen vermögen oft kein Gebet mehr zu formulieren, aber wenn jemand vorbetet, kann man im Herzen mitbeten. Gebete der Kindheit werden wieder wach. Stoßgebete, kleine Anrufungen sind einem eine Hilfe. Die Hand, die einen hält, die einem zärtlich übers Haar streicht, wird zur Wohltat. Wie kostbar sind für die Angehörigen letzte Worte, ein Gebet, ein Dank, eine Bitte.

Künstler haben den Tod des hl. Josef gemalt. Das sollte nicht nur eine fromme Schilderung sein, wie man sich den Tod des Bräutigams der allerseligsten

Jungfrau vorstellen darf, sondern eine Hilfe, wie man das Sterben eines Angehörigen begleiten kann. Im Sakrament der Krankensalbung tritt Jesus ans Krankenlager. Im Rosenkranz erfährt man Maria als mütterliche Begleiterin. „Der Tod des hl. Josef" wird zum Trostbild für das eigene Sterben. Denn selbst wenn die Angehörigen einem in der letzten Stunde nicht beistehen können, wenn einem niemand die Hand hält und keiner mit einem betet, ist Jesus dem glaubenden Menschen nahe, Maria wird ihm als Fürsprecherin an die Seite treten, und der hl. Josef ein fürsorgender Beschützer sein. Seit der Barockzeit wird der hl. Josef als Patron einer guten Sterbestunde angefleht. Zahlreiche Begebenheiten berichten, daß der hl. Josef nicht umsonst angerufen wird. Daran hat sich bis heute nichts geändert. Ein Gebet, das früher weit verbreitet war, lautet:

Josef, heiliger Zimmermann,
wir alle klopfen bei dir an,
o laß uns in dein Haus hinein
und bei dem Jesuskinde sein.
Wie du in Betlehem das Kind behütet hast
in Nacht und Wind,
so schirm auch uns in Sturm und Not,
und gib uns einen sel'gen Tod.
Amen.

Patron der Kirche; der Eheleute, der christlichen Familien, der Kinder, Jugendlichen, Jungfrauen, Wai-

sen, Erzieher, Reisenden, Verbannten, Sterbenden; Arbeiter, Handwerker, Tischler, Totengräber, Wagner, Zimmerleute; in Wohnungsnöten, Versuchungen, verzweifelten Situationen, der Keuschheit.

28. Oktober

Judas Thaddäus

In aussichtslosen Angelegenheiten

Der Patriarch Jakob, dem der Engel beim Ringkampf am Jabbok den Namen Israel und seinen Segen gegeben hat, war stolz auf seine zwölf Söhne. Sie wurden zu Stammvätern des alttestamentlichen Bundesvolkes, das Gott mit seinem Segen begleitete, obwohl es ihm immer wieder die Treue brach.

Hatten die zwölf Stämme Israels leibliche Väter, auf die sie schauen konnten, so hat Jesus dem neutestamentlichen Bundesvolk aus allen Völkern und Nationen geistige Väter gegeben: die zwölf Apostel. Aus der Zahl seiner Jünger hat er sie berufen. Alles haben sie verlassen, um bei Jesus zu sein. Ihre Familien mußten ohne sie zurechtkommen. Ihre Arbeit blieb ungetan. Was erhofften sie dafür? Mehrfach lassen es die Evangelisten anklingen, daß es recht irdische Wünsche waren, die sie an Jesus hatten. Minister wollten sie in seinem Reich werden. Sie wollten mit dabeisein, wenn der Messias sein Königreich aufrichtete. Simon der Eiferer und Judas Thaddäus drängten sich im Kreis der Zwölf nicht vor. Sie standen im Schatten ihrer gleichnamigen Mitapostel. Simon der Eiferer bewunderte Simon Petrus, der nie um ein Wort verlegen war. Judas Thaddäus beneidete Judas Iskarioth um seine Weltgewandtheit.

Simon der Eiferer war, bevor Jesus ihn berief, politisch engagiert. Er gehörte zur Partei der Zeloten. Er befürwortete gewaltsame Veränderungen. Die Römer sollten das Land verlassen. Er verweigerte die Zahlung von Steuern und hatte wenig übrig für Leute, die mit den Römern zusammenarbeiteten, wie etwa die Zöllner. Seine Bewunderung galt Jesus, weil er ihn für fähig hielt, die Römer aus dem Land zu vertreiben. Jesus nahm ihn in seine Schule. Er lehrte ihn glauben und er lehrte ihn verzeihen. Simon war ein gelehriger Schüler. Nicht er ergreift am Ölberg das Schwert, sondern der temperamentvolle Simon Petrus. Die Worte der Bergpredigt hatten sein Leben verändert. Barmherzig wollte er sein, weil die Barmherzigen Erbarmen finden. Den Frieden wollte er stiften, weil er zu den Kindern Gottes zählen wollte. Aus dem Eiferer für politische Veränderungen wurde ein Eiferer für die Sache Jesu. Nein, Simon war kein Fanatiker, aber einer, der bereit war, alles für Jesus und seine Botschaft einzusetzen.

Judas Thaddäus ging die Weltgewandtheit und Geschäftstüchtigkeit des anderen Judas ab. Nur ein einziger Satz ist uns von ihm überliefert. Er hat ihn beim Letzten Abendmahl gesprochen. Er fragte Jesus: „Herr, wie kommt es, daß du dich uns offenbaren willst und nicht der Welt?“ Schwingt in diesen Worten nicht ein wenig enttäuschte Hoffnung mit? Auch er hatte mit einem kämpferischen Messias gerechnet, der eines Tages beweisen wird, wer in Israel das Sagen hat. Der andere Judas meinte, man müsse Jesus zu seiner Selbstoffenbarung zwingen. Erst unter tödlicher Bedrohung komme es zum Durchbruch der Messiasherrschaft. Judas Iskarioth wollte nicht länger warten. Er wollte nicht länger durch das Land ziehen und Predigten anhören. Diesem anderen Judas sagte Jesus in der Stunde des Letzten Abendmahles: „Was du tun willst, tue bald!“ Aus Judas, dem Kassenverwalter, wird Judas der Verräter. Judas Thaddäus aber bleibt im Schatten. Weil er den gleichen Namen trägt wie jener, der schuldig am Kreuzestod Jesu geworden ist, mußte er gleichsam mitbüßen.

Die Überlieferung erzählt, daß Simon der Eiferer und Judas Thaddäus miteinander die frohe Botschaft von Jesus, dem menschgewordenen Gottessohn verkündet haben. Wer erinnert sich nicht an die erste Aussendung der Apostel, von der Markus in seinem Evangelium berichtet: „Er sandte sie aus, jeweils zwei zusammen. Die Zwölf machten sich auf den Weg und riefen die Menschen zur Umkehr auf. Sie trieben viele Dämonen aus und salbten viele Kranke mit Öl und heilten sie.“ Nun aber gehen sie nicht mehr in die benachbarten Dörfer, jetzt ziehen sie in fremde Länder, denn in alle Welt hat sie Christus am Tag seiner Himmelfahrt gesandt. Nach Babylonien und Persien habe der Weg die beiden Apostel geführt, und dort erlitten sie auch das Martyrium. Simon habe man bei lebendigem Leib zersägt und Judas Thaddäus mit einer Keule erschlagen. Man hat den beiden Aposteln deshalb in der Kunst Säge und Keule als Symbole beigegeben. Während Simon der Eiferer als besonderer Patron der Waldarbeiter und Weber gilt, wird Judas Thaddäus in besonders schweren Anliegen angerufen. Am Fest der beiden Apostel, die im Schatten ihrer beiden bekannteren Mitapostel stehen, gedenkt die Kirche des Wortes Pauli im Brief an die Epheser: „Ihr seid auf das Fundament der Apostel und Propheten gebaut, der Schlußstein ist aber Jesus Christus selbst.“

Patron in schweren Anliegen und aussichtslosen Lagen.

25. November

Katharina von Alexandrien

Eine Frau ist die Patronin der Philosophie

Die hl. Katharina von Alexandrien, oder wie der Volksmund sagt: „Katharina mit dem Radl“, zählt zu den 14 Nothelfern und gehört seit dem frühen

Mittelalter zu den beliebtesten Heiligengestalten. Und auch heute ist der Vorname Katharina, Kathrin oder Katja sehr beliebt. Man weiß von der im Jahre 308 n. Chr. wegen ihres Glaubens hingerichteten Frau recht wenig, so ist es nicht verwunderlich, daß die Legende ergänzend an ihrer Biographie mitgewirkt hat.

Alexandrien, die Heimat der Heiligen, war zu Beginn des 4. Jahrhunderts nach der Hauptstadt Rom die bedeutendste, größte und einflußreichste Stadt im römischen Weltreich. Alexander der Große hatte sie gegründet, und sie hat sich als Handelsstadt, mehr noch als Wissenschaftsmetropole, einen Namen gemacht. In dem nordafrikanischen Zentrum, der eigentlichen Hauptstadt Ägyptens, befand sich die umfangreichste Bibliothek der damaligen Zeit. Der Evangelist Markus gilt als der Gründer der ersten christlichen Gemeinde des Ortes, die so bedeutende Gestalten wie Klemens, den Begründer der Ausbildung für Religionslehrer, oder Origenes, einen der großen Theologen des Altertums, hervorgebracht hat. Sie alle lebten vor Katharina, aber es zeigt die Bedeutung der christlichen Gemeinde von Alexandrien. Die Verfolgung unter Kaiser Diokletian und seinem Mitkaiser Maximinus war vor allem bestrebt, die christlichen Zentren zu vernichten. Maximinus ging noch brutaler vor (soweit dies möglich war) als Diokletian. Ihm war das Ostreich unterstellt.

Die Legende berichtet davon, daß Katharina an der Universität von Alexandrien studiert hat, daß sie

aus königlichem Geschlechte stammte und von großer Schönheit war. Obwohl sie für das Glück geboren schien, war sie unglücklich, weil ihr Suchen nach Wahrheit, der Beantwortung der letzten Fragen, ohne Antwort blieb. Nicht die Professoren, nicht die Bücher, nicht Vorträge und Diskussionen brachten den Durchbruch, sondern ein Einsiedler, der sie auf Jesus Christus verwies. In der Begegnung mit ihm fand sie alles, was sie suchte.
Ihre klugen Antworten verwirrten den Kaiser, der sie selbst verhörte. Professoren wurden geholt. Sie sollten Katharina nicht nur mundtot machen, sondern sie auch überzeugen, daß Jesus weder gelebt habe, noch am Kreuz gestorben sei, gar nicht zu reden von seiner Auferstehung. Katharina argumentierte jedoch so geschickt, daß selbst die Gemahlin des Kaisers zum Glauben fand. Daraufhin war dieser so erbost, daß er sie zum Tod durch Rädern verurteilte. Das Rad freilich, auf das Katharina gebunden wurde, zerbrach.
Die Tapferkeit der Jungfrau machte Eindruck auf die Soldaten, die sie hinrichten sollten. Schwerverletzt suchte sie ihnen die Grundzüge des christlichen Glaubens zu erklären. Nur der Kaiser hatte kein Erbarmen. Der Henker mußte sie schließlich mit dem Schwert enthaupten. Da kamen Engel und trugen den Leichnam hinauf zum Sinai. Am Gottesberg sollte ihr Leichnam ruhen, während die Seele in den Himmel eingehen durfte.

Am Sinai steht ein berühmtes Kloster, dessen Bibliothek einen weltweiten Ruf besitzt, und den Namen der heiligen Martyrin von Alexandrien trägt. Wegen ihrer Klugheit und ihrem Wahrheitsstreben wurde sie schon im frühen Mittelalter zur Patronin der Philosophie erklärt. Daß sie sich aber so großer Beliebtheit erfreut, hängt nicht so sehr damit zusammen, daß in jedem Menschen ein Philosoph steckt, als vielmehr damit, daß sie als Fürsprecherin angerufen wird „um Beharrlichkeit im Guten".

In Bayern wird vielerorts am Abend des Katharinenfestes das letzte Mal vor der Adventszeit zum Tanz aufgespielt.

Patronin der Mädchen, Jungfrauen, Ehefrauen; Schüler, Studenten; Gelehrten, Rechtsgelehrten, Wagner, Redner; Philosophen, Theologen, Juristen, Lehrer, Notare, Buchdrucker; der Bibliothekare, der Universität Paris; bei Migräne und Krankheiten der Zunge.

26. September

Kosmas und Damian

Patrone der Ärzte und Apotheker

Eine der interessantesten Kirchen Roms ist den heiligen Märtyrern Kosmas und Damian geweiht. Zwei römische Tempel wurden im 6. Jahrhundert miteinander verbunden und zu einer christlichen Basilika umgestaltet. Während ansonsten die antiken Tempel nach der Konstantinischen Wende als Steinbrüche – und dies bis ins 15. Jahrhundert – verwendet wurden, hat in diesem Fall ein Architekt ganz im Sinne moderner Denkmalpflege gehandelt.

Daß eine der alten Kirchen Roms den Brüdern Kosmas und Damian geweiht wurde und daß die Namen der beiden Heiligen in jeder heiligen Messe beim Kanon der römischen Liturgie genannt werden, zeigt das hohe Maß der Verehrung für diese Märtyrer. Sie haben in der blutigsten Christenverfolgung unter Kaiser Diokletian, der mit allen Mitteln eine Restauration der heidnischen Antike betreiben wollte, ihr Leben lassen müssen.

Kosmas und Damian waren Ärzte. Ihre Heimat Syrien sollen sie zeitweise verlassen haben, um auch in Rom Kranken zu helfen. Sie kehrten jedoch bald wieder nach Hause zurück, nicht weil sie das Empfinden gehabt hätten, in Rom nicht gebraucht zu werden, sondern weil sie lieber dort helfen wollten, wo die ärztliche Versorgung nicht so gut war wie in der Hauptstadt des Weltreiches. Es könnte auch eine Rivalität der Arztkollegen eine Rolle gespielt haben, denn die Ärztebrüder verlangten keine Honorare. Man gab ihnen den Beinamen: „Die Geldlosen“. Die einen wollten mit dem Namen die beiden Ärtze ehren, die anderen sie verspotten.

Neben der leiblichen Gesundheit ging es Kosmas und Damian immer auch um das Seelenheil ihrer

Patienten. Sie wußten um die enge Beziehung von Leib und Seele. Manches Leiden hat seelische Ursachen. Was lag für gläubige Menschen, wie es die beiden Ärzte waren, näher, als ihren Patienten von Jesus zu erzählen, von seiner Liebe zu den Armen und Kranken, von seiner Güte gegen Sünder. Sie sprachen von der Vergebung der Schuld im Wasser der Taufe und im Sakrament der Buße. Damit bereiteten sie manchem Patienten den Weg zum christlichen Glauben.

Man braucht sich nicht zu wundern, daß die beiden Ärzte in der Diokletianischen Verfolgung als Christen angezeigt wurden, denn nie hatten sie aus ihrem Glauben ein Geheimnis gemacht. Ihre Selbstlosigkeit, mit der sie den kranken Mitmenschen dienten, wurde allgemein bewundert und geschätzt, aber es fehlte auch nicht an Neidern. Der Statthalter in Syrien mußte die Anzeige zur Kenntnis nehmen. Auch wenn er noch zögerte, die beliebten Ärtze verhaften zu lassen, so ließen ihm die Gesetze keine andere Wahl. Er führte selbst den Prozeß. Seine ganze Rhetorik konnte die Brüder nicht überzeugen, daß es wichtiger sei, dem kranken Menschen zu helfen, als an Jesus Christus und seine Botschaft zu glauben, einen Glauben, auf den der Kaiser die Todesstrafe gesetzt hatte. Sie waren eher bereit zu sterben, als dem Kaiser göttliche Ehren zu erweisen. Der Präfekt Lysias fällte am Ende des Prozesses das Urteil. Es lautete, wie nicht anders zu erwarten war: Tod durch das Schwert.

Im Mittelalter gehörten die Heiligen Kosmas und Damian, deren Reliquien in Hamburg, Essen und München verehrt werden, zu den Fürsprechern in schwierigen Krankheitsfällen. Besonders bei Geschwüren, Drüsenleiden und bei ausbrechenden Epidemien nahm man bei ihnen Zuflucht. Sie gelten als Patrone der Ärzte und Apotheker. Sie haben deshalb auf Darstellungen zumeist eine Arzneibüchse oder ärztliche Instrumente als Beigaben.
Patrone der Ammen, Ärzte, Apotheker; Chirurgen, Drogisten, Kranken; Physiker, Zahnärzte; Zuckerbäcker; medizinischen Fakultäten; gegen Geschwüre und Epidemien.

10. August

Laurentius

Patron der Köche

Der Tag des hl. Laurentius galt einst als Festtag. Ihm ging eine Vigil voraus und eine Oktav folgte. Man hat also eine gute Woche gefeiert. Dies wird uns aus dem 7. Jahrhundert überliefert und es zeigt, wie sehr man in Rom den heiligen Diakon verehrt hat. Allerdings suchte man in der heißesten Zeit des Jahres, in die sein Gedenktag fällt, ohnehin einen Grund, wie man sich, ohne ein schlechtes Gewissen haben zu müssen, von der

Arbeit drücken konnte. So sorgte Laurentius noch nach seinem Tod für die kleinen Leute.
Den Armen, den Kranken, den Hilfsbedürftigen galt von Anfang an die besondere Zuwendung der Kirche. Haben sich zunächst die Apostel selber um die Aufgabe der Caritas gekümmert, mußten sie rasch feststellen, daß sich dies nicht so nebenbei erledigen läßt. Die Verkündigung sollte nicht vernachlässigt werden. Dies war die Stunde der Diakone. Sieben junge Männer, unter ihnen Stephanus, wurden berufen und zu diesem Dienst bestellt. Lange Zeit waren die Diakone die Verwaltungsfachleute der Bischöfe, so auch in der Mitte des 3. Jahrhunderts, in welchem Laurentius lebte. Erst später wurde der Diakonat eine Vorstufe zum Priestertum, bis das Zweite Vatikanische Konzil ihn in seiner Eigenwertigkeit wieder erkannte und erneuerte.
Der Bischof von Rom, Papst Sixtus II. († 258), hat den aus Spanien stammenden jungen Mann in die Verwaltung seiner Diözese geholt, ihn zum Diakon geweiht und zum Caritasdirektor bestellt. An Armen fehlte es in der riesigen Weltstadt nicht. Täglich kamen neue hinzu. Sie kamen aus dem Süden Italiens, sie kamen aus Nordafrika und Griechenland, sie kamen aus allen Teilen des Weltreiches. Sie hörten vom Reichtum Roms, aber niemand erzählte ihnen von den Armenvierteln, in denen Hunger und Verbrechen zu Hause waren. Laurentius stand vor einer übermenschlichen Aufgabe. Wo sollte man anfangen zu helfen? Mußte die Armenspei-

sung nicht von Grund auf überdacht werden? Sollte die Kirche nur die Zeiten überbrücken, in denen es keine Zirkusveranstaltungen gab und damit auch kein Brot? Laurentius konnte sich nicht lange damit aufhalten, jeden Fall lange zu prüfen. Er hielt sich an das Motto: „Wer schnell hilft, der hilft doppelt“. Eine Christenverfolgung setzte seinen Aktivitäten ein unerwartetes Ende. Papst Sixtus II. wurde verhaftet. Laurentius begleitete seinen Bischof zur Hinrichtung. Er meinte, sein Platz sei nicht nur am Altar neben dem Bischof, sondern auch in der Stunde des Martyriums. Er ließ sich nicht wegschicken, obwohl er damit sich und sein Caritaswerk gefährdete. Der Martyrerbericht läßt den Papst zu seinem Diakon sagen: „Ich verlasse dich nicht, mein Sohn. Schwere Kämpfe warten auf dich. Ich schwacher Greis gehe durch einen leichten Kampf hindurch. Dir, dem jungen Mann, ist ein härterer Streit beschieden. Nach drei Tagen wirst du mir folgen: der Levit dem Priester.“
Zu Hause angekommen, erwarteten Laurentius bereits die Boten des kaiserlichen Präfekten. Auf kaiserliche Anordnung habe er die Gelder und Schätze der Kirche auszuliefern. Wann je wäre ein Staat nicht in Finanznöten gewesen und hätte auf jede nur mögliche Weise neue Einnahmequellen zu erschließen versucht? Die Kirche hat Geld. Die Kirche besitzt kostbare Geräte: Kreuze, Kelche, Gewänder. Die Kirche verfügt über Gebäude und Grundstücke. Dies alles kann der Staat brauchen.

Laurentius soll ein Inventar erstellen, eine Abrechnung vorlegen und alles den kaiserlichen Beamten übergeben.
Was nun folgt, ist in die Geschichte der christlichen Caritas eingegangen. Drei Tage hat man ihm Zeit gelassen. Sie genügen ihm, um alles unter die Armen und Hilfsbedürftigen Roms zu verteilen. Er teilt mit vollen Händen aus, um mit leeren Händen vor dem kaiserlichen Präfekten zu erscheinen. Zur „Vermögensübergabe" bringt er die Beschenkten mit. Der Präfekt traut seinen Augen nicht, statt Säcke mit Münzen sieht er das Elend von Rom. „Das sind die Schätze der Kirche", sagt Laurentius, und in seinen Worten schwingt leiser Spott mit, „das sind unsere Perlen und Edelsteine. Die Kleinodien sind sie, in denen der Glaube Christi und Christus selber lebt. Nimm sie und pflege sie. Dadurch wirst du die Wohlfahrt des Staates, dein und des Kaisers ewiges Heil begründen."
Den kaiserlichen Präfekten packt maßloser Zorn. Ohne langes Gerichtsverfahren wird Laurentius zu einem qualvollen Tod verurteilt. Auf glühendem Rost soll er langsam zu Tode gefoltert werden. Eine sadistische Strafe. Man fühlt sich an die Jünglinge im Feuerofen erinnert, wenn berichtet wird, selbst in diesen qualvollen Stunden habe Laurentius seinen Humor nicht verloren. Zu den Henkern habe er gesagt: „Jetzt müßt ihr mich wenden, denn auf der einen Seite bin ich bereits fertig gebraten." Noch ein letztes Mal habe er sich zu Jesus Chri-

stus bekannt und für die Bekehrung Roms gebetet, dann sei er gestorben.
Sein Name wurde in das Gedächtnis der Heiligen aufgenommen und bei jeder heiligen Messe im Hochgebet erwähnt. Über seinem Grab erhebt sich eine Kirche, San Lorenzo fuori le mura, die auf Kaiser Konstantin den Großen zurückgeht und zu den sieben Hauptkirchen Roms zählt.
Die Verehrung des hl. Laurentius breitete sich in Deutschland vor allem nach der Schlacht auf dem Lechfeld aus. Der Tag des Sieges über die feindlichen Ungarn war der 10. August des Jahres 955. Ebenfalls an einem Laurentiustag siegte der spanische König Philipp II. und errichtete zum Dank das Schloß und Kloster Escorial. Im Grundriß wurde das Marterwerkzeug des Heiligen, der Rost, verewigt.
Vielleicht aber sollten wir am Laurentiustag weniger an große Siege und grandiose Bauwerke denken, und mehr an das Beispiel des Glaubens und der Caritas, das uns der hl. Laurentius gegeben hat. Und wenn man die Sternschnuppen, die in diesen Tagen zu sehen sind, „Tränen des heiligen Laurentius" nennt, dann könnte man sie als Hinweis darauf verstehen, daß Laurentius nicht nur Grund hat, über die Not dieser Welt Tränen zu vergießen, sondern auch über die Hartherzigkeit der Menschen.
Patron der Armen Seelen im Fegfeuer; der Armen; Verwalter, Bibliothekare (der Diakon verwaltete die Kirchenbücher), der Köche, Kuchenbäcker, Glaser, Wirte.

Leonhard

6. November

Patron der Bauern

Wenige Heilige erfreuen sich solcher Beliebtheit wie der hl. Leonhard. Erinnern die Pestpatrone Rochus und Sebastian an die tödliche Krankheit, die ganze Dörfer zum Aussterben gebracht hat, so läßt der hl. Leonhard auf eine blühende Landwirtschaft schließen. Bei ihm fühlten die Bauern ihre Sorgen gut aufgehoben. Ihn rief man an, wenn Viehseuchen den Hof heimsuchten. Seinem Schutz empfahl man Pferde und Kühe. Und obwohl die Bauern in den Dörfern immer weniger werden, hat die Verehrung des hl. Leonhard nicht abgenommen. Landauf, landab finden Leonhardi-Ritte statt, und die Wallfahrt zum hl. Leonhard nach Inchenhofen bei Augsburg, die dem Ort im Spätmittelalter den vierten Rang hinter Jerusalem, Rom und Compostela einbrachte, hat gerade in jüngster Zeit neuen Auftrieb erhalten.

Die Verehrung des Heiligen hat recht irdische Motive. Roß und Reiter stellen sich unter seinen Schutz. Sie wollen gesund bleiben. Ein Pferd bedeutete früher ein Vermögen. Es zu verlieren war ein herber Verlust. Der Reitsport gehört auch heute zu den kostspieligen Vergnügungen, und ein krankes Pferd bereitet seinem Besitzer große Sorgen. Doch

von all dem spricht die Liturgie am Leonhardstag nicht.
Im Tagesgebet ist die Rede von dem Einsiedler Leonhard, den unsere Bilder und Figuren als stattlichen Abt mit Stab und Brustkreuz im Habit der Benediktiner zeigen. Die Gefangenen hat er befreit und die Sünder auf den rechten Weg geführt. „Erlöse uns aus den Fesseln der Sünde und erhalte uns in der Freiheit“, betet die Kirche. Die Ketten, die dem Heiligen als Attribut beigegeben sind, haben ursprünglich nichts mit dem Vieh zu tun, sondern sie erinnern an die schrecklichen Schicksale der Gefangenen im 6. Jahrhundert. Leonhard trat für diese Menschen ein. Nicht wenige waren wegen Unbotmäßigkeit inhaftiert. Sie hatten weder gestohlen noch ein anderes Verbrechen begangen, sie hatten nur die Obrigkeit kritisiert. Schrecklich mußten sie es büßen.
Leonhard hatte den Mut, dem König seine Kritik offen ins Gesicht zu sagen. Statt aber ebenfalls im Kerker zu enden, konnte er das Herz des Herrschers bewegen. Die Gefangenen wurden frei.
Woher nahm Leonhard diesen Mut? Das Evangelium gibt uns die Antwort. Er hatte begriffen, daß es in diesem Leben um eine Ewigkeit geht. So wie der Mann, der den Schatz im Acker gefunden hat, alles daran setzt, um den Acker zu erwerben, so hat Leonhard alles aufgegeben, um nur mehr für Jesus und sein Reich zu leben. Sein Herz hing nicht mehr an Geld und Gut, auch nicht an lieben Menschen.

Sein Herz gehörte Christus. Leonhard verließ die Welt mit ihrem Streben nach Macht und Einfluß. Mit dem hl. Paulus konnte er sagen: „Ich vergesse, was hinter mir liegt, und strecke mich aus nach dem, was vor mir liegt. Das Ziel vor Augen, jage ich nach dem Siegespreis: der himmischen Berufung."
Leonhard wäre bereit gewesen, ins Gefängnis zu gehen oder den Tod zu erleiden, als er vor den König trat. Er wußte, daß sein Herrscher nicht vor einer solchen Tat zurückschrecken würde, er wußte aber auch, daß er ihm nur das irdische Leben rauben konnte, nicht aber das ewige Leben. Indem er seinem König die Wahrheit sagte und ihm sein Unrecht vor Augen hielt, ging es ihm nicht allein um das Leben, ein menschenwürdiges Leben der Gefangenen, sondern auch um das ewige Heil seines Königs.
Leonhard war erfolgreich. Das hat man ihm nie vergessen. Man bewahrte ihm im Frankenreich über den Tod hinaus ein ehrendes Gedenken und überall, wohin die Franken in späteren Jahrhunderten kamen, rühmten sie den heiligen Einsiedler.
Es lag nahe, einem Heiligen, der für menschliche Nöte soviel Verständnis hatte, die eigenen Nöte anzuvertrauen, und was lag näher als die Sorgen in Haus und Hof? Die Wöchnerinnen flehten um eine glückliche Geburt und vergaßen auch ihren Dank nicht. Immer häufiger aber wandte man sich an den hl. Leonhard, wenn es ums Vieh ging. Daß man nicht unerhört blieb und auf ihn als Fürspre-

cher bauen konnte, davon erzählen zahlreiche Votivtafeln und manche Leonhardskapelle.
Der hl. Leonhard erweist sich als Helfer in irdischen Nöten und er möchte, daß sich unsere Herzen für die Nöte der anderen öffnen, vor allem aber, daß wir wie er den Schatz entdecken, für den sich der Einsatz des Lebens lohnt: den Himmel.
Patron der Wöchnerinnen; der Gefangenen; der Bauern, Bergleute, Fuhrleute, Kohlenträger, Lastträger, Schlosser, Schmiede, Stallknechte; der Pferde und des Viehs.

20. Juli

Margareta

Für ungewollt kinderlose Frauen

Aus Antiochia in Syrien stammte Margareta, deren Name „Perle“ bedeutet und die Freude der Eltern über die Geburt ihrer Tochter ausdrückt. Die Eltern bildeten damit eine Ausnahme, denn im dritten Jahrhundert nach Christi Geburt freute man sich über die Geburt von Söhnen, während man die Geburt von Töchtern fast als Schicksalsschläge betrachtete.
Margareta erwies sich tatsächlich als eine Perle, die ihren Eltern viel Freude bereitete. Klug und schön, freundlich und fleißig war sie. Es fehlte ihr nicht

an Verehrern, als sie ins heiratsfähige Alter kam. Reiche Männer machten ihr den Hof. Ein sorgloses Leben schien auf sie zu warten. Die Eltern machten ihre Pläne. Doch nun kam es zu einer großen Enttäuschung. Margareta wollte ihr Leben nicht an das eines Mannes binden. Für die Eltern brach eine Welt zusammen. Wie sollte die Zukunft ihrer Tochter aussehen ohne den Schutz eines Mannes? Wer garantierte ihr eine gesicherte Existenz? Wer würde im Alter für sie sorgen, wenn ihr keine Familie Rückhalt bietet?

Die Sorgen für die Eltern wurden nicht geringer, als ihnen Margareta eingestand, daß sie den christlichen Glauben angenommen hatte. Im Gegenteil, nun hielten sie ihre Tochter endgültig für verloren. Hatten sie vorher für die Zurückweisung der Verehrer ihre Unerfahrenheit, ihre mangelnde Einsicht verantwortlich gemacht, so wußten sie jetzt, daß dieser Jesus an allem schuld war. Wie würden sie ihre Tochter wieder zur Vernunft bringen können? Der Stadtpräfekt Olybrius zählte zu den Verehrern Margaretas, die sich bei ihr einen Korb geholt hatten. Bei ihm zeigte der Vater seine Tochter an. Er hoffte, daß Olybrius Margareta zur Besinnung bringen würde.

Der verschmähte Verehrer war sich nach der Anzeige des Vaters selbst nicht schlüssig, wollte er das Mädchen, das er sich zur Frau gewünscht hatte, erretten, oder wollte er sich an ihr rächen, weil sie ihn, den reichen und mächtigen Stadtpräfekten, abgewiesen hatte? Olybrius mußte die Zurückweisung Margaretas tiefer in seinem Stolz getroffen haben, als er zugeben wollte. Er hielt sich beim ersten Verhör nicht lange bei den Fragen an die Angeklagte auf, sondern ließ sie sogleich foltern. Ein sadistischer Grundzug seines Wesens wird erkennbar, wenn berichtet wird, daß er sie an ihren schönen langen Haaren aufhängen und dann geißeln ließ. Nicht genug damit befahl er den Gerichtsknechten, Margareta mit Fackeln Brandzeichen auf ihren bloßen Leib zu brennen. Völlig erschöpft brachte man sie ins Gefängnis. Hier sah sie einen Drachen – früher sagte man auch „Wurm“ –, der ihr nach dem Leben trachtete. Aus seinen Nüstern sprühte Feuer, um sie erneut zu versengen. In äußerster Todesnot schlug sie das Kreuzzeichen und sogleich verschwand der Spuk, der sie in tödlichen Schrecken versetzt hatte.

Nachdem Margareta auch in einem weiteren Verhör nicht bereit war, den christlichen Glauben aufzugeben, verurteile Olybrius die Angeklagte zum Tod durch das Schwert.

Dieses Schicksal widerfuhr vielen Christen der damaligen Zeit, so auch Katharina von Alexandrien und Barbara. Diese drei Jungfrauen werden gerne zusammen genannt. Sie vertreten das weibliche Geschlecht unter den vierzehn Nothelfern. Der Volksmund spricht von den „heiligen drei Madeln“. Jede von ihnen ist an ihrem Attribut zu erkennen: „Margareta mit dem Wurm, Barbara

mit dem Turm, Katharina mit dem Radl – das sind die drei heiligen Madl." Die hl. Margareta gilt als besondere Fürsprecherin für Frauen, denen der Wunsch nach Kindern versagt geblieben ist. Der Margarethentag spielt im bäuerlichen Leben eine besondere Rolle, weil der Pachtzins fällig wurde und die Ernte begann.
Patronin der Ammen, Jungfrauen, unfruchtbaren Frauen, Ehefrauen, Gebärenden, Mädchen; für Fruchtbarkeit.

15. August

Maria

Für alle Fälle und in höchster Not

Wer an einen Marienwallfahrtsort kommt, ist immer wieder beeindruckt von der großen Zahl der Votivtafeln, auf denen sich ein Satz ständig wiederholt: „Maria hat geholfen". Auf den Votivtafeln früherer Zeiten kann man häufig ablesen, in welchem Anliegen jemand die Hilfe Mariens, ihre Fürsprache bei Gott, erfleht hat. Jemand hatte einen schweren Unfall und wurde gerettet. Jemand war krank und kein Arzt konnte helfen. Maria war die letzte Hoffnung und sie hat diese Hoffnung nicht enttäuscht.
Weil so viele Menschen die Erfahrung gemacht haben, daß Maria auch in schwerster Not, in aus-

sichtslosen Fällen helfen kann, fühlen sich auch andere ermutigt, mit ihren Sorgen und Anliegen zur Mutter des Herrn zu gehen. Oft fehlen ihnen die Worte. Oft ist es nur ein stummer Aufblick zum Bild der Mutter des Herrn. Viele greifen zum Rosenkranz und gehen mit Maria durch das Leben Jesu. Zahlreich wie die Votivtafeln des Dankes sind die Gebete, die sich bittend an Maria wenden. Eines davon beginnt mit den Worten: „Hilf, Maria, es ist Zeit, hilf, Mutter der Barmherzigkeit!" Es dürfte im Ersten Weltkrieg entstanden sein und hat viele Menschen während des Zweiten Weltkrieges begleitet.
Das Gebet wurde von den Müttern gebetet, und es wurde von den Soldaten an der Front gebetet. „Du bist mächtig, uns aus allen Nöten und Gefahren zu erretten; denn wo Menschenhilfe bricht, mangelt doch die deine nicht". Frauen und Mütter hatten in dieser schweren Zeit nur ein Anliegen, daß der Mann und Vater, daß der Sohn wohlbehalten wieder heimkehren darf. Die Soldaten hatten nur einen Wunsch, daß dieses schreckliche Inferno zu Ende gehen möge und sie wieder in Frieden bei ihren Angehörigen leben dürfen. Nicht jedes Gebet wurde erhört. Viele sind gefallen. Viele wurden schwer verwundet. Trotzdem hörten die Hinterbliebenen nicht auf zu beten, sie hörten nicht auf, in ihrer aussichtslosen Lage nach dem letzten Schimmer der Hoffnung zu blicken.
Man könnte das Gebet „Hilf, Maria, es ist Zeit" als Gebet in höchster Not bezeichnen. Wir leben

schon so viele Jahre in Frieden und Sicherheit, die Bedrohung durch den Kommunismus scheint überwunden, läßt sich da ein solches Gebet überhaupt noch beten? Das kann nur der denken, der die Nöte unserer Zeit nicht sieht. Drogen ruinieren die Gesundheit junger Menschen. Der Konsumzwang treibt Menschen in Schulden, die sie nicht mehr abtragen können. Der Geschwindigkeitsrausch fordert immer neue Unfallopfer. Die sexuelle Freizügigkeit macht Ehen und Familien kaputt. Der Glaubensverlust läßt viele am Sinn des Lebens zweifeln und führt in die Verzweiflung. Sollten da nicht Großmütter und Mütter, Väter und Großväter wieder zu beten beginnen: „Hilf, Maria, es ist Zeit"? Werden nicht auch sie die Erfahrung machen dürfen: „Nein, du kannst das heiße Flehen deiner Kinder nicht verschmähen"?

Dieses Gebet ist ein Gebet in höchster Not. Es ist ein Hilfeschrei an die Mutter des Herrn, die uns allen zur Mutter gegeben ist. Es ist geradezu eine Beschwörung, wenn es heißt: „Zeige, daß du Mutter bist, wo die Not am größten ist". Die größte Not besteht nicht immer in schwerer Krankheit, die größte Not kann auch seelischer Natur sein. Mit allem aber kann man zur Mutter kommen. Mit allem darf man Maria um ihre Hilfe anflehen, ob das eine tiefe Depression ist oder eine Ehekrise, ob man keine Arbeit findet oder dem Druck im Betrieb nicht mehr gewachsen ist.

Hilf, Maria, es ist Zeit, hilf Mutter der Barmherzigkeit!
Du bist mächtig, uns aus Nöten und Gefahren zu erretten;
denn wo Menschenhilfe bricht, mangelt doch die deine nicht.
Nein, du kannst das heiße Flehen deiner Kinder nicht verschmähen.
Zeige, daß du Mutter bist, wo die Not am größten ist.
Hilf, Maria, es ist Zeit, hilf, Mutter der Barmherzigkeit!

Wenn die Depression gewichen ist, die Ehekrise überwunden, wenn die Sorgen, die wie ein Alp auf der Seele lagen, gewichen sind, dann sollte man seinen Dank nicht vergessen und zu all den Täfelchen „Maria hat geholfen“ das eigene hinzufügen, damit auch andere neue Hoffnung fassen und ihre Nöte der Mutter des Herrn anvertrauen und erfahren dürfen: „Denn wo Menschenhilfe bricht, mangelt doch die deine nicht“.

Patronin der Kirche (Mutter der Kirche); der Frauen und Mütter; bei gynäkologischen Erkrankungen, Unfruchtbarkeit, Schwangerschaftsbeschwerden, Geburtsnöten; Bayerns; vieler Berufe: von den Bäckern über die Destillateure, Lebkuchenhersteller, Limonadenverkäufer bis zu den Zeitungsausträgern.

29. Juli

Martha

Patronin der Hausfrauen

Die Psychologen haben festgestellt, daß es für die Entwicklung eines Menschen von großer Bedeutung ist, ob er als Einzelkind oder mit mehreren Geschwistern aufwächst, ob er als ältestes oder jüngstes Kind geboren wurde. Erstgeborene besäßen größeren Ehrgeiz, Nesthäkchen größere Liebesbedürftigkeit. Kinder, die weder als Älteste noch als Jüngste die besondere Aufmerksamkeit der Eltern gewonnen hätten, seien ideale Ehepartner, ausgeglichene Mitarbeiter, Staatsbürger, die Gemeinsinn beweisen. Wenn man zur hl. Martha in das Haus von Bethanien schaut, wird man den Psychologen Recht geben müssen.

Lazarus, der Älteste, gibt dem Haus, das die drei Geschwister bewohnen, den Namen. Er vertritt die Familie nach außen. Er ist der Herr, zu dem die Schwestern aufschauen, den sie umsorgen und verwöhnen. Seine Freunde finden bei ihnen gastliche Aufnahme. Maria, die Jüngste, hat wenig Sinn für das Praktische und neigt deshalb auch dazu, über die Verhältnisse zu leben. Wie hätte sie sonst ihre Schwester Martha allein in der Küche stehen lassen können, als Jesus bei ihnen zu Gast war? Wie hätte sie sonst ein ganzes Pfund kostbaren Nardenöls über

die Füße Jesu gießen können? Das war ein Vermögen und wohl für andere Zwecke bestimmt.
Martha hält das ganze Hauswesen zusammen. Sie hat Verständnis für den Bruder. Sie hat Geduld mit der Schwester. Man könnte es Liebe nennen, die sie in der Küche und im Garten arbeiten läßt. Sie kocht. Sie putzt. Sie wäscht. Es sind lauter kleine Dinge, die gar nicht bemerkt werden, und doch sind sie die Voraussetzung für häusliches Glück und Wohlbefinden. Eine saubere Wohnung, ein schön gedeckter Tisch, ein gutes Essen verdienen es, geschätzt zu werden. Die Liebe geht bekanntlich durch den Magen. Wenn Jesus so gerne in Bethanien einkehrte, dann kommt Martha ein ganz besonderes Verdienst zu. Das Wort Jesu „Martha, Martha, du kümmerst dich um viele Dinge. Eines nur ist notwendig. Maria hat den besseren Teil erwählt" hat sie gewiß getroffen. Ist Jesus hier nicht undankbar? Weiß er nicht zu schätzen, was sie leistet? – Doch! Aber Jesus meint es gut mit ihr. Man kann nicht bloß arbeiten, es braucht auch Ruhepausen. Man muß sich Zeit nehmen, Zeit nehmen für Gott, Zeit nehmen für den anderen, Zeit nehmen für sich selbst. Es sind deshalb alle falsch beraten, die sagen: „Bei mir muß die Arbeit fürs Gebet gelten." Zum Gebet wird die Arbeit erst, wenn ich den Segen Gottes in mein Leben hole. Der mittelalterliche Spruch: „Almosengeben armet nicht, Kirchengehen säumet nicht, unrecht Gut gedeihet nicht" ist von großer Lebenserfahrung geprägt.

Martha ist eine praktische Frau. Als ihr Bruder Lazarus schwer erkrankt, schicken die Schwestern nach Jesus. Er kommt lange nicht. Erst nach dem Tod des Bruders trifft er ein. Martha kann Jesus den Vorwurf nicht ersparen: „Herr, wärest du hier gewesen, dann wäre mein Bruder nicht gestorben." Als Jesus das Grab öffnen lassen will, um seinen Freund nochmals zu sehen, sagt sie ganz nüchtern: „Herr, er riecht schon, denn es ist bereits der vierte Tag."
Martha ist eine gläubige Frau. Natürlich hat es sie enttäuscht, daß Jesus nicht sofort nach Bethanien gekommen ist, als er die Nachricht von der schweren Erkrankung des Lazarus erhalten hatte. Trotzdem fügt sie sich in den Tod des Bruders. Trotzdem vertraut sie Jesus. Die Verheißung Jesu: „Dein Bruder wird auferstehen" weist sie nicht als billige Vertröstung zurück, sondern sie bekennt ihren Glauben an die Auferstehung der Toten, mehr noch: sie bekennt: „Ja, Herr, ich glaube, daß du der Messias bist, der Sohn Gottes, der in die Welt kommen soll." Dieses Glaubensbekenntnis führt zur Tat Jesu. Am Grab, von dem der Stein weggewälzt wurde, ruft Jesus: „Lazarus, komm heraus!" Da kam der Verstorbene heraus. Martha und Maria erhalten den Bruder zurück.
Gerne wüßten wir, wie die Geschichte weitergegangen ist, doch da betreten wir das Feld der Legende. Die Geschwister sollen nach dem Pfingstfest Bethanien verlassen haben und in einem kleinen Boot nach Frankreich gelangt sein. Dort hätten sie

den Glauben an Jesus verkündet. Im Süden Frankreichs wird die Verehrung der hl. Martha hoch gehalten, und dies mit Recht, denn von ihr können wir viel lernen, ganz gleich, ob es um die Bewältigung der Probleme des Alltags geht oder um den Glauben an Jesus Christus, der uns Hoffnung gibt über dieses Leben hinaus, denn was Jesus Martha sagt, gilt uns allen: „Jeder, der lebt und an mich glaubt, wird in Ewigkeit nicht sterben."
Patronin der Sterbenden; der Hausfrauen, Dienstmägde, Köchinnen, Wäscherinnen, Arbeiterinnen, Gastwirte; der Häuslichkeit.

11. November

Martin

Patron der Bettler

Die Eltern wollten, daß aus ihrem Sohn ein Held wird, deshalb nannten sie ihn nach dem römischen Kriegsgott Mars: Martinus. Mit 15 Jahren trat er in die römische Legion ein. Nach der Grundausbildung in Pannonien (Ungarn) wurde er in Gallien (Frankreich) eingesetzt. Dort begegnete er dem Christentum. Er besuchte die Unterweisung für Katechumenen, den Unterricht für Täuflinge. Damals ereignete sich die Begebenheit, die unvergessen geblieben ist: Martin befand sich auf dem Heimritt zu seiner Garnison. Der weite Soldatenmantel, die „cappa“, schützte ihn vor dem eisigen Wind. Am Stadttor von Amiens erblickte er einen Bettler. Sein Gewand bestand aus Lumpen. Er würde die Nacht wohl nicht überleben. Kurz entschlossen griff Martin zu seinem Schwert und teilte seinen Mantel mit dem Bettler. In der Nacht sah er in einem Traum Jesus, der mit der Mantelhälfte bekleidet war. Er hörte ihn sagen: „Martin, obwohl noch Katechumene, hat mich mit diesem Mantel bekleidet.“ Bald darauf empfing er die Taufe. Noch zwei Jahre blieb er im Dienst des Kaisers, doch dann nahm er seinen Abschied.

Aus dem Soldat des Kaisers wurde ein Mönch. Zunächst hielt er sich bei Bischof Hilarius von Poitiers auf, einem der großen Theologen des 4. Jahrhunderts, und später gründete er ein Kloster. Es war das erste Kloster auf europäischem Boden. Es orientierte sich an den Idealen der Wüstenklöster, die im Grunde genommen Einsiedlergemeinschaften waren. Nach dem Tod des Bischofs von Tours fiel die Wahl auf den Mönch Martin. Die Legende berichtet, daß er sich dieser Aufgabe entziehen wollte und deshalb geflohen sei. Unglücklicherweise habe er kein besseres Versteck gefunden als einen Gänsestall. Die Gänse hätten durch ihr aufgeregtes Geschnatter Martin verraten, deshalb müssen viele von ihnen noch heute auf den Martinstag ihr Leben lassen.

Der 11. November, der Martinstag, war seit dem 5. Jahrhundert in Frankreich der Beginn des Adventsfastens zur Vorbereitung auf das Weihnachtsfest. Am Martinstag bot man deshalb noch einmal auf, was Küche und Keller zu bieten hatten. Daß manchmal die „Martinsminne“ allzu ausgiebig gefeiert wurde, kann man den Ermahnungen mittelalterlicher Synoden entnehmen. Wenn der Volksmund sagt: „Sankt Martin ist ein harter Mann, für den der nicht bezahlen kann“, so weist das darauf hin, daß der 11. November bis ins frühe 19. Jahrhundert ein Zins-, Lohn- und Pachttag war. Vor dem Martinstag bangten also nicht nur die Gänse, die der Legende nach schuld waren, daß Martin Bischof von Tours wurde, übrigens ein sehr guter Bischof. Er war kein Mann, der jedem nach dem Mund redete. In den Spannungen seiner Zeit ergriff er mutig Partei. Er wollte als treuer Zeuge Jesu und seiner Kirche befunden werden.

Martin, der in Glaubensfragen sehr entschieden auftrat und ein harter Gegner der Arianer gewesen ist, blieb ein Leben lang der fürsorgende Freund der Armen. Er wurde über 80 Jahre alt und starb am 11. November des Jahres 400. Schon bald nach seinem Tod setzte eine große Verehrung des Heiligen ein. Das Mantelstück, das Martin verschenkt hat, wurde von den fränkischen Königen als Reichskleinod betrachtet. Es hat der Kirche in Paris, in der es aufbewahrt wurde, den Namen gegeben: Sainte Chapelle. Das Mantelstück, „capella“ genannt, lebt in all den kleinen Gotteshäusern, den Kapellen, fort. Aus den Geistlichen, die eine Kapelle

betreuen, wurden die „capellani“, die Kapläne. Selbst die Musikkapellen verdanken ihre Bezeichnung dem Mantel des heiligen Martin. Zeigt dies nicht sehr deutlich, wie eine gute Tat weiterwirkt, ansteckt und die Welt besser macht?
„Es ist besser ein Licht anzuzünden, als über die Finsternis zu schimpfen“, sagt ein asiatisches Sprichwort. Am Martinstag kann man dies erleben, wenn die Kinder sich mit ihren Laternen auf den Weg machen und frohe Lieder singen. Sie grüßen den hl. Martin, der mit dem Bettler seinen Mantel geteilt hat. Teilen fällt nicht leicht, aber es macht froh. Diese Erfahrung machen nicht nur Kinder.
Patron der Reisenden, Armen, Bettler, Flüchtlinge, Abstinenzler; Soldaten, Reiter, Tuchhändler, Schneider; Haustiere, Pferde, Gänse; gegen Blähungen.

29. September

Michael, Gabriel und Raphael

Für Kirche, gute Nachrichten und Gesundheit

Die heiligen Erzengel Michael, Gabriel und Raphael stehen am Throne Gottes. Sie singen das „Heilig“, in das wir bei jeder heiligen Messe miteinstimmen. Wir nennen sie „Erzengel“, um auszudrücken, daß sie an der Spitze der neun Chöre der seligen Geister stehen.

Michael – Patron der katholischen Kirche

Michael ist der Streiter Gottes. Als Luzifer und sein Anhang Gott ihr „Ich will nicht dienen“, entgegenschleuderten, trat er für die Rechte Gottes ein. Mit seinem Schlachtruf „Wer ist wie Gott?“ rief er die himmlischen Scharen zur Entscheidung. Der Engel des Lichtes, Luzifer, und die Seinen mußten den Himmel verlassen. Es kam zum Engelssturz. Michael triumphierte. Aus Luzifer aber wurde der Fürst der Finsternis, der Vater der Lüge, der Versucher und Alleszerstörer. Man hat Michael und seinen Gegenspieler immer als die beiden Mächte angesehen, die um die Seele des Menschen ringen. Dem Streiter Gottes vertraute man die Seele des Verstorbenen an, damit er sie sicher vor Gottes Angesicht geleite und als Fürsprecher am Throne Gottes für den Toten eintrete. Mit der Seelenwaage findet man den hl. Michael gerne dargestellt, um zu zeigen, daß vor Gott nicht Geld und Gut zählt, sondern das Gute, das ein Mensch in seinem Leben getan hat. Mit seinem tapferen Eintreten für die Sache Gottes, mit seinem Kampf gegen Luzifer und seinen Anhang war Michael zu allen Zeiten ein Vorbild für den Kampf gegen Sünde und Bosheit, gegen den Satan und alle Gottesleugner. Nicht umsonst hat die katholische Jugend im Dritten Reich

den hl. Michael zu ihrem Patron erwählt. Mit diesem Engel an der Seite wagte es die kleine Schar, gegen den braunen Drachen und seine Lügenpropaganda anzukämpfen.
Patron der katholischen Kirche, des deutschen Volkes, der Armen Seelen; der Sterbenden, für einen guten Tod, der Apotheker; Kaufleute, Bankangestellten; Ritter, Soldaten; gegen Blitz und Ungewitter; der Kirchhöfe.

Gabriel – Patron der Postboten

Gabriel kennen wir als den Boten Gottes. Die gewaltigste Botschaft hatte er Maria zu überbringen. Mutter des Herrn sollte sie werden. Manche Theologen sind der Meinung, es sei zu dem Engelskampf im Himmel gekommen, als Gott den Engeln offenbarte, daß er seinen eingeborenen Sohn durch eine Frau Mensch werden lassen wollte. Das habe die Eitelkeit der himmlischen Wesen, ihren Stolz gekränkt. Sie hätten dagegen rebelliert, daß ein Geschöpf Gottes, das sie als niedriger als sich selbst betrachteten, derart ausgezeichnet werden sollte. Wenn Gott schon sein Gottsein im Sohn verlasse, dann könnten nur Engel die Auserwählten sein. Gott aber wollte im Sohn Mensch werden und ein Engel durfte die frohe Botschaft überbringen. Wir sehen Gabriel in das Haus Nazareth eintreten, um der Jungfrau Maria ihre Erwählung zu überbringen. Mit wenigen Worten umschreibt er die

Aufgabe, für die sie von Gott ausersehen ist. Der Gruß Gabriels an Maria klingt weiter durch die Jahrhunderte. Immer wieder sprechen wir seine Worte nach, die uns der Evangelist Lukas überliefert hat: „Gegrüßet seist du, Maria …“ Im „Engel des Herrn“, zu dem uns die Glocken dreimal am Tag einladen, denken wir voll Dankbarkeit an die Menschwerdung Gottes durch die Jungfrau Maria und an die Rolle des Boten Gottes, Gabriel, der die frohe Botschaft überbracht hat.
Patron des Fernmelde- und Nachrichtenwesens; der Boten, Postbeamten, Briefmarkensammler.

Raphael – Patron der Kranken

Raphael kennen wir aus dem Buch Tobit als den Begleiter des Tobias auf langer gefahrvoller Reise. Raphael rettet seinen Schützling vor Tod und Verderben. Wohlbehalten bringt er ihn wieder zu seinen Eltern zurück. Die Reise war dank des Beistandes des Raphaels ein voller Erfolg. Tobias konnte das einst vom Vater ausgeliehene Geld wieder zurückbekommen und darüber hinaus eine gottesfürchtige Frau heimführen. Als dann auch noch Vater Tobit von seiner Blindheit befreit wurde, kannte die Freude und Dankbarkeit keine Grenzen. Da gibt sich Raphael als Engel Gottes zu erkennen. Nicht ihm gebührt der Dank, sondern: „Preist Gott und lobt ihn! Gebet ihm die Ehre, und bezeugt vor allen Menschen, was er Gutes getan hat.“ Die

Barmherzigkeit des Tobit, sein Gutsein, sein Beten seien nicht ohne eine Antwort Gottes geblieben, deshalb gelte es, Gott zu ehren und ihm zu danken. Raphael ist die Antwort Gottes auf die Frage des Gerechten, warum es oft den Anschein hat, als würde das Gebet unerhört bleiben und das Gutsein unbelohnt. Nichts ist umsonst.

Raphael spricht von den sieben Engeln, die am Throne Gottes stehen und die Gebete der Heiligen vor den Thron Gottes bringen. Drei von ihnen nennt die Liturgie der Kirche am Erzengelfest: Michael, mit dem wir für die Sache Gottes eintreten wollen; Gabriel, mit dem wir Zeugen der frohen Botschaft von der Menschwerdung des Gottessohnes sein wollen, und Raphael, mit dem wir Gott loben und preisen wollen.

Patron der Kranken, Pilger, Reisenden; Apotheker; Auswanderer.

16. Mai

Nepomuk

Patron der Beichtväter

Wer kennt heute noch König Wenzel? Mit Johannes Nepomuk verhält es sich anders. Auf zahllosen Brücken steht der heilige Domherr. In unzähligen Kirchen ist sein Bild zu sehen. König Wenzel

und Johannes Nepomuk waren Zeitgenossen und ihr Schicksal ist aufs engste miteinander verwoben.
Wenzel, der Sohn Kaiser Karls IV., hatte beste Erzieher und sein Vater ebnete ihm den Weg zum Königsthron des Deutschen Reiches. Johannes Welflin aus Pomuk, später Johannes Nepomuk genannt, genoß dank eines wohlhabenden Vaters gleichfalls eine gute Ausbildung. Er studierte in Prag und in Padua. Seine Vorliebe galt der Rechtswissenschaft. Nachdem er auch das Theologiestudium abgeschlossen hatte, empfing er mit 30 Jahren die Priesterweihe. Seit vier Jahren hatte Wenzel bereits das Amt des deutschen Königs inne, gleichzeitig war er König von Böhmen.
Man sagte von Wenzel, er sei jähzornig und faul, dem Trunk und den Frauen ergeben. Dies berührte den Priester Johannes Nepomuk nicht weiter. Er wirkte als Seelsorger und beriet den Erzbischof von Prag in Rechtsfragen. Daraus wuchs ein Vertrauensverhältnis, das 1389 dazu führte, daß der Oberhirte Johannes Nepomuk zu seinem Generalvikar bestellte. Die kluge und abwägende Art des Domherrn schien dem Erzbischof bei den ständigen Übergriffen der Staatsorgane gegen kirchliche Rechte am ehesten zu einem tragfähigen Ausgleich führen zu können. Der König begrüßte die Berufung. Als Zeichen seines Wohlwollens berief er ihn an seinen Hof. Johannes Nepomuk wurde zum Beichtvater der Königin.

Mit Umsicht und Tatkraft versah Johannes Nepomuk sein Amt als Generalvikar, mit Takt und pastoraler Klugheit sein Amt als Beichtvater. Sollte Wenzel geglaubt haben, Johannes Nepomuk durch sein Wohlwollen als Parteigänger gewonnen zu haben, sah er sich sehr bald getäuscht. Unnachgiebig trat Nepomuk für kirchliche Rechte ein und verwahrte sich gegen staatliche Übergriffe. Und sollte Wenzel gar geglaubt haben, dem Innenleben seiner Frau durch einen willfährigen Beichtvater auf die Spur kommen zu können, wurde er rasch eines Besseren belehrt. König Wenzel steigerte sich schließlich in einen regelrechten Haß gegen den Prager Domherrn hinein. Er hielt ihn für den bösen Geist des Erzbischofs und für einen schlechten Berater seiner Frau, der sie gegen ihn aufhetze. Die Überlieferung sieht in dem Verlangen des Königs, Auskünfte über die Beichte der Königin zu erhalten, das Johannes Nepomuk wegen der priesterlichen Schweigepflicht nicht erfüllen konnte, den Auslöser für das Martyrium des Generalvikars. Johannes Nepomuk wurde schrecklich gefoltert. Der König selbst war anwesend. Er leitete das peinliche Verhör. Er ließ sich von seinem maßlosen Zorn sogar soweit hinreißen, daß er wie ein Henkersknecht den wehrlosen und schweigsamen Beichtvater mit einer Pechfackel quälte. Schließlich befahl Wenzel, den sterbenden Priester durch Prag zu schleifen, um ihn anschließend in die Moldau werfen zu lassen.

Dies ereignete sich 1393. Die schreckliche Bluttat rief in ganz Prag helles Entsetzen hervor. Man barg den Leichnam, den geheimnisvoller Glanz umgeben haben soll. Von fünf Sternen ist die Rede. Es sind die fünf Buchstaben des Wortes „tacui" – ich habe geschwiegen. Der König floh aufs Land. Er konnte es nicht verhindern, daß Johannes Nepomuk im Veitsdom begraben wurde. Im Jahre 1400 setzten die rheinischen Kurfürsten Wenzel als König des Deutschen Reiches wegen erwiesener Unfähigkeit ab. Noch weitere 19 Jahre war er böhmischer König und mußte miterleben, wie die Menschen zum Grab des Johannes Nepomuk im benachbarten Dom pilgerten. König Wenzel IV. wäre längst vergessen, würde er nicht im Leben des Johannes Nepomuk eine so tragische Rolle spielen.

Johannes Nepomuk wurde zum Brückenheiligen und zum Patron der Beichtväter. Das Zeitalter des Barock liebte ihn ganz besonders, denn damals, 1729, wurde er heiliggesprochen. Wenn wir ihn auf unseren Brücken sehen, dann wünscht er uns mehr als nur eine gute Fahrt und daß wir wohlbehalten an unser Ziel kommen; dann erinnert er uns auch daran, daß es vielleicht wieder einmal an der Zeit wäre, eine gute Beichte abzulegen. Johannes Nepomuk hebt nicht den Zeigefinger, aber mit dem ihm eigenen Takt und seiner pastoralen Klugheit lädt er unaufdringlich und doch beständig ein.

Patron der Beichtväter, Priester, Brücken, Flößer, Schiffer, Müller; für die Freiheit der Kirche.

Nikolaus

Der Patron der Kinder

Wenige Heilige erfreuen sich einer solchen Beliebtheit wie der Bischof aus dem kleinasiatischen Myra. Weltweit wird sein Fest gefeiert. Dabei weiß man recht wenig über ihn. Beim Konzil von Nizäa 325 war er dabei, und die heutige Türkei war seine Heimat. Damit hat es schon sein Bewenden. Um so reicher ist der Kranz von Legenden, von frommen Geschichten, die sein Leben umranken. Sie haben sein Leben verklärt und trotzdem waren sie es, die dafür sorgten, daß nicht nur sein Name unvergessen blieb, sondern auch die Tugenden, die sich mit seiner Gestalt verbinden. Damit wären wir wieder bei den Legenden. Wer kennt nicht die Geschichte von den drei Mädchen, die gerne heiraten möchten, die jedoch so mittellos sind, daß eine Ehe für sie unmöglich ist? Nikolaus hört von dem Fall. Nun könnte man annehmen, er rate ihnen, sie sollten ins Kloster gehen. Nein, auf höchst diskrete Weise, indem er den dreien je einen Goldklumpen zukommen läßt, sorgt er für die benötigte Mitgift. Es ist erstaunlich, daß der hl. Nikolaus neben seinen vielen Patronaten nicht auch zum Patron der Eheanbahnungsinstitute geworden ist.

Eine andere Legende erzählt von der Hungersnot, die seine Bischofsstadt heimsucht. Das Getreide war ausgegangen. Es fehlte an Brot. Bischof Nikolaus betete und mit ihm alle Einwohner der Stadt. Da kam ein gewaltiges Unwetter und verschlug drei Schiffe, die aus Ägypten kommend auf dem Weg nach Rom waren, an die Küste von Myra. Sie waren vollbeladen mit Korn für die Hauptstadt. Nikolaus brachte es fertig, daß die Kapitäne von ihren Vorräten soviel abgaben, daß die Hungersnot gebannt war. Die Legende erzählt weiter, die Schiffe seien glücklich nach Rom gelangt, und es habe kein Körnlein gefehlt. Auf diese Weise wurde Nikolaus zum Patron der Bäcker und Seeleute.
Geradezu eine Kriminalgeschichte wird von dem Bischof aus Myra berichtet. Drei Schüler hätten auf ihrem Weg zu ihrem fernen Schulort in einer Herberge übernachtet. Der Wirt habe herausgefunden, daß die Schüler ziemlich viel Geld bei sich hatten. Kaum hätten sie geschlafen, sei er gemeinsam mit seiner Frau ans Werk gegangen und habe sie getötet. Unter dem Fußboden habe man die Drei begraben. Die Eltern hätten auf Nachricht von ihren Kindern gewartet, aber sie seien ohne das leiseste Lebenszeichen geblieben. In ihrer Sorge hätten sie Bischof Nikolaus aufgesucht. Er habe sich daraufhin auf die Suche nach den Verschollenen gemacht. In der Mörderspelunke angelangt, habe er dem Wirt seine Schandtat auf den Kopf zugesagt und verlangt, ihn zu den Leichen der Schü-

ler zu führen. Sie seien unverwest dagelegen und Nikolaus habe sie ins Leben zurückgerufen. Was liegt näher, als daß man den Heiligen als Patron der Schüler anruft! Sie waren zu allen Zeiten gefährdet, dabei muß man nicht in erster Linie an Raubmörder denken. Vielfältig sind die Gefahren für Leib und Seele auch heutzutage.
Lassen wir es mit diesen drei Legenden bewenden, denn die Zahl drei findet sich in jeder der Geschichten. Mit drei goldenen Kugeln wird der Heilige auch dargestellt, damit läßt sich leicht die Brücke schlagen zu den Nüssen, die am Fest des hl. Nikolaus verschenkt werden, genauer gesagt: sie bringt der Nikolaus. Allerdings sind es mehr als drei Nüsse, wie es auch noch weit mehr Legenden von dem Heiligen gibt, der die Herzen von klein und groß gleichermaßen besitzt.
Patron der Kinder, Schüler, Chorknaben, Seeleute, Fährleute, Wirte, Jungfrauen u. v. a.

27. Juli

Pantaleon

Ein Helfer bei Kopfschmerzen

Die Hausärzte des Mittelalters, aber auch der Barockzeit, waren die vierzehn Nothelfer: Heilige, die man bei den verschiedensten Krankheiten als Fürsprecher anrief. Die hl. Margareta war die Gynäkologin, der hl. Vitus der Urologe und der hl. Pantaleon der Spezialist für Kopfschmerzen, aber man konnte zu ihm auch mit anderen Leiden kommen.

Außer dem hl. Ägidius haben alle anderen Nothelfer das Martyrium erlitten, so auch Pantaleon. Seine Heimat war Nikomedien (heute Izmid, Türkei), das unter Kaiser Diokletian zur Residenzstadt erhoben wurde. Hier regierte der Mitkaiser Maximian. Das ausgehende dritte Jahrhundert stand im Zeichen zunehmender Spannung zwischen Heiden und Christen. Dies erlebte Pantaleon bereits in seinem Elternhaus. Seine Mutter war eine tiefgläubige Christin, während der Vater zwar dem Namen nach dem alten Götterglauben anhing, aber in Wirklichkeit nur Geld und Macht im Sinn hatte. Die Mutter lehrte ihr Kind beten. Sie brachte ihm die Grundwahrheiten des christlichen Glaubens bei. Sie nahm es mit zum Gottesdienst. Der Vater jedoch verhinderte, daß Pantaleon getauft wurde. Die Mutter starb. Damit endete der Kontakt Pantaleons zum Christentum.

Er widmete sich seinen Studien. Der hochbegabte Student hatte viele Interessen und eignete sich eine umfassende Bildung an. Sein Hauptinteresse galt später der Medizin. Pantaleon wurde Arzt. Er wurde wegen seiner sicheren Diagnosen und seiner Geduld beim Anhören von Krankheitsgeschichten, vor allem aber wegen seiner Heilerfolge von arm und reich aufgesucht. Einer seiner Patienten war der Priester Hermolaus. Ihm erzählte Pantaleon von seiner Mutter und seiner christlich geprägten Kindheit. Während der Arzt Hermolaus behandelte, suchte der Priester Pantaleon für Christus zu gewinnen. Beide hatten Erfolg. Hermolaus wurde gesund, und Pantaleon wurde getauft.

Der Ruf des Arztes Pantaleon drang auch an den kaiserlichen Hof. Zunächst wurde er zur Behandlung der Kaiserin gerufen. Sie faßte sofort Vertrauen zu diesem ebenso kenntnisreichen wie freundlichen Arzt. Es konnte nicht ausbleiben, daß auch Kaiser Maximian sich von Pantaleon behandeln ließ. Pantaleon wurde zum Leibarzt der kaiserlichen Familie ernannt. Die ärztlichen Kollegen in Nikomedien verfolgten den Aufstieg des jungen Arztes nicht ohne Neid. Gerne hätten sie dem kaiserlichen Hof berichtet, daß einer seiner Patienten wegen einer Fehldiagnose gestorben oder ihm ein anderes ärztliches Mißgeschick unterlaufen sei. Aber sie konnten nichts herausfinden. Durch Zufall erfuhren sie, daß Pantaleon Anhänger der christlichen Religion ist. Sofort wurde dies an den kaiserlichen Hof weitergegeben.

Die Nachricht, daß der Leibarzt der kaiserlichen Familie gläubiger Christ ist, löste bei allen Sicherheitsorganen größten Schrecken aus. Kaiser Maximian verfolgte die gleiche harte Haltung gegenüber den Christen wie Kaiser Diokletian. Wer den Göttern nicht opferte, wurde gefoltert und hingerichtet. Ein christlicher Arzt in der Umgebung des Kaisers bedeutete höchste Gefahr. Er könnte den Kaiser ohne Umstände töten. Der Kaiser mußte informiert werden. Maximian konnte es nicht fassen. Sofort ließ er Pantaleon rufen. Der Arzt leugnete nicht, Christ zu sein, betonte aber gleichzeitig, daß er sowohl als Arzt wie als Christ keinen Menschen töten, ja ihm nicht einmal ein Leid zufügen dürfe. Dies beruhigte Maximian nicht. Er stellte Pantaleon vor die Entscheidung: entweder Schluß mit dem Christentum oder Folter und Tod. Der Arzt entschied sich für Christus und gegen den Kaiser. Dies mußte er mit seinem Leben bezahlen. Nach vielerlei Foltern band man Pantaleon schließlich an einen Ölbaum und nagelte seine beiden Hände auf seinen Kopf. Heldenhaft starb der Martyrer im Jahre 305.

Konnten seine Patienten nun auch nicht mehr zu ihrem Arzt kommen, gingen sie doch zu seinem Grab und baten um seine Hilfe. Zahlreiche Erhörungen ereigneten sich, und gläubige Menschen nehmen bis heute in aussichtslos erscheinenden Fällen ihre Zuflucht zum heiligen Arzt Pantaleon. Besonders bei Kopfschmerzen wird er um Linderung und Heilung angerufen.

Patron der Ärzte und Hebammen, bei Krankheit, auch aussichtsloser, insbesondere bei Kopfweh.

Philipp Neri

Patron der Spaßmacher

Selbst Goethe war von Philipp Neri angetan, obwohl er ansonsten nicht viel von Heiligen hielt. Aber wer mag ihn nicht, wer findet ihn nicht sympathisch, den Apostel von Rom? „Pippo buono", den guten Philipp, so nannten ihn die Gassenjungen der Ewigen Stadt, so nannten ihn auch die Kardinäle. Mit allen hat er es verstanden. Immer fand er den rechten Ton und immer konnte er scherzen. Er verbreitete Frohsinn und Heiterkeit. Das Wort seines Freundes, des Bischofs von Genf, Franz von Sales, könnte von ihm stammen: „Mit einem Löffel Honig fängt man mehr Fliegen als mit einem ganzen Faß Essig."

In Florenz war er aufgewachsen. Mit fünf Jahren hat er die Mutter verloren. Bei den Dominikanern von San Marco war er daheim. Dort hatte man Savonarola, den Bußprediger, der auf dem Scheiterhaufen endete, nicht vergessen. Das heitere Gemüt Philipp Neris nahm dadurch keinen Schaden, ebensowenig seine Liebe zur Kirche. Er wird später sagen: „Wer anderes sucht als Christus, weiß nicht, was er tut."

Als der Vater, der in ständigen Geldnöten war, Philipp nach San Germano schickte, hatte er die Zu-

kunft seines Sohnes im Auge. Beim dortigen Onkel sollte er in die Lehre als Kaufmann gehen und ihn eines Tages beerben. Der kontaktfreudige Lehrling hielt es jedoch bei dem Griesgram und Pfennigfuchser nicht lange aus. Die reiche Erbschaft ließ er fahren und kam völlig mittellos nach Rom. Hier fand er eine Stelle als Hauslehrer. Hier fand er auch seine Berufung: Menschen zu Christus zu führen.
Er suchte das Gespräch. Er liebte die Unterhaltung. Immer gelang es ihm aber, dabei auf die letzten Dinge zu kommen. Er verkündete auf seine Weise den Glauben. Beim Glas Wein im Ristorante, beim Disput in der Universtiät, die er besuchte, beim Bäcker und beim Metzger, überall kam er auf sein Thema. Ein Student, den er gut kannte, überraschte ihn eines Tages mit der frohen Nachricht, daß er sein Examen bestanden habe. Statt ihm zu gratulieren fragte Philipp Neri: „Und was dann?" – „Ich werde in den Staatsdienst treten." – „Und was dann?", bohrte Philipp Neri weiter. Die Begeisterung des jungen Mannes schwand nach einigen weiteren „Und was dann?" merklich dahin. „Ja dann werde ich sterben." – „Und was dann?" Nun hatte er seinen Freund dort, wo er ihn haben wollte. Er sollte bei all seinem Planen und Handeln, seinem Denken und Wollen immer an die Ewigkeit denken. Einen Himmel gilt es zu gewinnen oder zu verlieren!
Pippo buono verstand es ganz besonders mit den Gassenjungen. Mit ihnen hatte er eine Engelsge-

duld. Er spielte mit ihnen. Er hatte Zeit für sie, und so nebenbei bekamen sie Religionsunterricht. Aber mit wem verstand er sich nicht? Die Kranken warteten auf seinen Besuch, die alten Leute auf sein aufmunterndes Wort. Nur der heiligen Inquisition war der fromme Laie, der Religionsunterricht erteilte ohne „missio canonica", ein wenig suspekt. Auf Anraten seines Beichtvaters empfing der Laientheologe Philipp Neri 1551 mit 36 Jahren die Priesterweihe. Seine Hauptaufgabe wurde der Beichtstuhl. Man schätzte seine Güte und Freundlichkeit. Ganze Tage verbrachte er beim Beichthören. Manchen führte er auf den Weg zur Heiligkeit. Allerdings, wenn jemand ihn einen Heiligen nannte, dann konnte der sanfte Pippo sehr zornig werden. Einer Dame der Gesellschaft versetzte er deshalb sogar eine Ohrfeige.

Philipp Neri suchte Gesellschaft und er brauchte Gemeinschaft. Er schloß sich deshalb nach seiner Priesterweihe den Geistlichen von San Girolamo della Carità an. Aus dieser Gemeinschaft wuchs das Oratorium. Es wurde ein Ort der Begegnung. Alle kamen gerne. Man las die Bibel und Heiligenbiographien. Man musizierte und sang. Man diskutierte und scherzte. Kardinal Karl Borromäus war ein gern gesehener Gast und er war nicht der einzige Kardinal, den es zu Philipp Neri zog.

Der Apostel Roms erreichte mit seiner frohen Art mehr an kirchlicher Erneuerung im Zeitalter der Renaissance, als der düstere Bußprediger Savonarola. Jener ließ Lauten und Gitarren, Spiegel und Masken, Bücher und Bilder verbrennen, Philipp Neri dagegen war groß- und weitherzig. Er duldete alles, sofern es nicht zur Sünde führte. Er war der Meinung, wenn das Herz in Ordnung ist, führt alles zum Guten.

Die Heiterkeit Philipp Neris darf nicht darüber hinwegtäuschen, daß seine Selbstironie, seine Güte und Geduld, seine Demut aus einer tiefen Innerlichkeit gewachsen sind. Von Ignatius von Loyola persönlich hat er das innere Gebet gelernt und er war zeitlebens ein Mann des Gebetes. Mit welcher Hingabe er zu beten vermochte, läßt sich daraus ersehen, daß er nach dem Empfang der heiligen Kommunion bei der heiligen Messe oft bis zu zwei Stunden im Gebet verweilte.

Vom hl. Philipp Neri könnten wir vieles lernen: seine Geduld, seine Güte, seine Offenheit für andere, seine Freude am Gebet und an der heiligen Messe, nicht zuletzt die Art seiner Schriftlesung. John Henry Newman, der im 19. Jahrhundert selbst ein Oratorium nach Neri gründete, schrieb: „Um Nutzen davon zu haben, las er langsam. Wenn ihm eine Stelle zu Herzen ging, sprach er nicht weiter, sondern verweilte, um den Inhalt auf sich wirken zu lassen." Die Briefe des hl. Paulus schätzte er ganz besonders: „Ich sehe alles als Verlust an, weil die Erkenntnis Christi Jesu, meines Herrn, alles übertrifft ... Das Ziel vor Augen jage ich nach dem Siegespreis." Nichts suchte Philipp

Neri mehr, als Christus zu gefallen. „Wer anderes sucht als Christus, weiß nicht, was er tut." Er hat danach gelebt, und als der Tod am 26. Mai 1595 nahte, zwei Monate vor seinem 80. Geburtstag, sagte er nach dem Empfang der Sakramente: „Ich bin bereit und fürchte nichts."
Patron der Humoristen.

20. Januar

Sebastian

Patron der Schützen

In vielen Kirchen findet sich eine Darstellung des hl. Sebastian. Angebunden an einen Baumstamm, mit bloßem Körper, den Leib voller Pfeile, so ist er meistens zu sehen. Damit ist sein Martyrium beschrieben, denn Sebastian war, weil er sich zum christlichen Glauben bekannte, von Kaiser Diokletian zum Tod verurteilt worden. Für den Kaiser war die Entdeckung, daß der Hauptmann seiner Leibgarde, der Prätorianer, ein Anhänger Jesu ist, eine schlimme Enttäuschung, denn kein Ziel verfolgte er hartnäckiger, als die Ausmerzung dieser Religion, die nach seiner Meinung den Bestand des römischen Weltreiches gefährdete. Diokletian befahl den numidischen Schützen, Sebastian hinzurichten. Von vielen Pfeilen getroffen, hielten sie ihn für tot. Er aber war zwar schwer verletzt und dem Tod näher als dem Leben, jedoch pflegte ihn eine christliche Frau, so daß er sich erholte und zu neuen Kräften kam. Kaum wiederhergestellt, sei er zu Kaiser Diokletian gegangen in der Hoffnung, ihn zu bekehren. Statt den totgeglaubten Sebastian zu begnadigen oder seine Religionspolitik zu ändern, ließ Diokletian den Hauptmann der Prätorianergarde zu Tode prügeln und in die Abwässer Roms, die „cloaca maxima“ werfen. Christen bargen den toten Sebastian und bestatteten ihn in den Katakomben.

Warum aber wird dieser römische Martyrer nahezu allerorts verehrt? Dies hängt mit der Pest zusammen, jener schrecklichen Krankheit, die seit dem 14. Jahrhundert immer wieder auftrat und zum plötzlichen Tod vieler Menschen führte. Es ist bekannt, daß 1628 ein furchtbares Peststerben unsere Gegend heimsuchte. Manche Dörfer sind damals nahezu völlig ausgestorben. Im hl. Sebastian sah man einen Fürsprecher, vor dieser todbringenden Krankheit verschont zu bleiben, denn als 680 in Rom die Pest ausgebrochen war, hat man eine Prozession mit den Reliquien des hl. Sebastian gemacht, und die Pest hörte auf. In mittelalterlichen Bildern wird die Pest durch einen „Pestengel“ symbolisiert, der seine Pfeile abschießt. Damit soll das plötzliche Auftreten und der rasche Verlauf der tödlichen Krankheit ausgedrückt werden. Der Pestkranke konnte auf diese Weise den hl. Sebastian

auch als Leidensgenossen empfinden, der ihm helfen soll, den letzten Weg gottergeben zu gehen.
Pestzeiten waren immer auch Zeiten des religiösen Aufbruchs. Die Passionsspiele in Oberammergau gehen auf ein Gelübde während der Pest im 17. Jahrhundert zurück. Rosenkranzbruderschaften wurden gegründet und Pestsäulen wurden errichtet. Es entstanden Sebastiansbruderschaften, die als Hauptanliegen die Bitte um Verschonung vor „einem jähen und unversehenen Tod" hatten.
Der hl. Sebastian gilt auch als Patron der Schützen und genießt als solcher besonders bei den traditionsreichen Schützengilden des Rheinlandes hohe Verehrung.
Patron der Sterbenden, schwacher und kränklicher Kinder, der Kriegsinvaliden; der Kreuzritter, der Soldaten; der Schützengilden; gegen die Pest; gegen Religionsfeinde.

15. August

Tarcisius

Für Kommunionkinder und Ministranten

Der römische Staat hat die Christen seit den Tagen Neros verfolgt. Es gab Kaiser, die das Verbot des christlichen Glaubens kaum ahndeten, während andere mit gnadenloser Härte gegen die Christen vorgingen. Als im Jahre 284 Kaiser Diokletian die Macht im Staat übernahm, gehörte es zu seinen Zielen, das römische Weltreich zu einen. Das Christentum bildete in seinen Augen einen Störfaktor, den es zu beseitigen galt. Erneut kam es zur Jagd auf die Christen.

Den Christen blieb keine andere Wahl, als in den Untergrund zu gehen. An wechselnden Orten feierte man sonntags die Eucharistie. Es gab Abtrünnige, die der Polizei geheime Treffen verrieten. Verhaftungen waren an der Tagesordnung. In den Gefängnissen warteten die Christen auf ihren Prozeß und ihre Hinrichtung. Es konnte kein Priester zu ihnen kommen, um ihnen die heilige Kommunion zu bringen. Er wäre auf der Stelle verhaftet worden. Da man gerade die zum Tod Verurteilten nicht ohne Wegzehrung für ihren letzten Gang lassen wollte, stellte sich die Frage, wer die heilige Kommunion ins Gefängnis bringen konnte, ohne sich selbst in Gefahr zu bringen. Man dachte an einen Jugendlichen, der diesen nicht ungefährlichen Dienst übernehmen sollte.

Die Wahl fiel schließlich auf Tarcisius, einen Ministranten. Sein Name bedeutet: der Mutige, der Kühne, und Tarcisius machte seinem Namen alle Ehre. Er wußte, auf welches Abenteuer er sich einließ. Die römischen Behörden hatten schon Jüngere als ihn verhaftet und nach schrecklichen Martern hingerichtet. Christsein bedeutete in jenen Jahren, mit einem Fuß im Grab zu stehen. Martyrium und

Tod konnten jedoch einen Christen nicht schrekken, denn auf ihn warten Auferstehung und ewiges Leben. Tarcisius sollte das Allerheiligste ins Gefängnis bringen, damit die Todgeweihten noch einmal den Leib des Herrn empfangen konnten, bevor sie zum Hochzeitsmahl des Lammes im Himmel geladen waren. Am Ende des Gottesdienstes übergab ihm der Priester in einer goldenen Kapsel die heiligen Hostien. Tarcisius barg die Kapsel in einem Säckchen, das wie eine kleine Tragetasche um seinen Hals hing. So machte er sich auf den Weg. Er eilte durch die Straßen Roms. Möglichst bald wollte er im Gefängnis sein. Seine Rechte umklammerte den kostbaren Schatz, der ihm anvertraut worden war. Sein Herz war voller Freude und immer wieder betete er den Heiland im Sakrament an.

Plötzlich hörte er die Stimme seines Mitschülers Alexander. „Tarcisius! Wohin eilst du?“ Tarcisius wußte nicht recht, wie er sich verhalten sollte. Sagte er nichts, machte er sich verdächtig. Ließ er sich in ein Gespräch ein, verpaßte er womöglich die Öffnungszeit des Gefängnisses. „Salve“, grüßte er zurück. Alexander, der mit ein paar Freunden unterwegs war, spürte sofort, daß Tarcisius sich abweisend verhielt. Trotzdem lud er ihn ein, mit ihnen zu gehen. Tarcisius hörte gar nicht recht hin, ob er nun mit ihnen zu den Thermen gehen sollte, um mit ihnen zu schwimmen, oder in die Arena, um den Discus zu werfen. „Tut mir leid. Ich muß weiter." Mit diesem Bescheid gab sich Alexander nicht zufrieden, denn sein Gespür sagte ihm, daß mit Tarcisius irgendetwas nicht stimmte. Warum hatte er bloß seine Rechte dauernd unter der Tunika? Alexander rempelte Tarcisius an. Sonst ließ sich Tarcisius so etwas nicht gefallen. Längst hätte er ihn in den Schwitzkasten genommen. Heute jedoch war alles anders. Was hielt er bloß fest? „Was hast du denn unter deiner Tunika? Darf man das nicht sehen?" Tarcisius hielt sein Täschchen mit der goldenen Kapsel noch stärker fest. Die anderen Buben wollten auch sehen, was er verbarg. Schon begannen sie auf ihn einzuschlagen, da er nicht freiwillig bereit war, ihnen sein Geheimnis zu verraten. Tarcisius wehrte sich nicht. Das machte Alexander stutzig, denn er kannte das Geschick des Klassenkameraden bei Raufereien. Jetzt wollte er wirklich wissen, was er verbarg. Die anderen wurden immer brutaler, als Tarcisius sich nicht wehrte und nur eines im Sinn hatte: das Gefäß mit dem Allerheiligsten vor Verunehrung zu bewahren. Tarcisius hatte bereits mehrere Verletzungen. Sie traten ihn mit den Füßen, schließlich griffen sie sogar zu Steinen. Tarcisius aber schützte mit seinem Körper das Allerheiligste. Keiner kam Tarcisius zu Hilfe. Erst als ein Offizier des Weges kam, ließen sie von ihrem Opfer ab. Der Offizier kannte Tarcisius. Er trug den Bewußtlosen in das nächste Haus. „Ich habe ihn nicht verraten", verstand der Römer.

Immer noch umklammerte seine Hand das Täschchen. Immer noch suchte er sein Geheimnis zu bewahren. Der Offizier war selber Christ und wußte um den Auftrag, den Tarcisius hatte. Er sprach das „Vater unser". Da löste sich die Verkrampfung. Er konnte ihm das Täschchen abnehmen. Offensichtlich ging das Leben des tapferen Tarcisius zu Ende. Der Soldat öffnete die goldene Kapsel und reichte dem Sterbenden die heilige Kommunion. Kurz darauf verschied der jugendliche Glaubenszeuge. In den Katakomben an der Via Appia wurde er bestattet. Papst Damasus hielt sein Gedenken in einem Gedicht fest. Tarcisius wird als Patron der Ministranten verehrt.
Patron der Erstkommunikanten und Ministranten.

15. Juni

Vitus

Gegen Bettnässen

Mehr als 1500 Kirchen und Kapellen in ganz Europa sind dem hl. Vitus geweiht. In noch viel mehr Kirchen finden sich Darstellungen des beliebten Heiligen, dessen Verehrung bereits Kaiser Ludwig der Fromme förderte, und den die Stauferkaiser zum besonderen Patron des Heiligen Römischen Reiches Deutscher Nation erklären ließen.

Man weiß vom hl. Vitus und seinem Leben eigentlich nicht viel. Er hat unter Kaiser Diokletian im 4. Jahrhundert, wie so viele andere, das Martyrium erlitten, zusammen mit Modestus, seinem Hauslehrer, und Kreszentia, seinem Kindermädchen. Das Schicksal dieses jugendlichen Martyrers hat die Menschen noch Jahrhunderte später beschäftigt, so daß sich ein Kranz von Erzählungen um sein Leben bildete.

Vitus wuchs in Sizilien auf, verwöhnt und umsorgt von seinem reichen Vater Hylas. Nach dem frühen Tod seiner Gattin war sein Sohn der ganze Inhalt seines Lebens. Nichts sollte er vermissen müssen, was er ihm geben konnte. In Kreszentia, einer Sklavin, hatte Vitus ein verständnisvolles, warmherziges Kindermädchen. In Modestus, einem Sklaven, hatte der Vater einen Hauslehrer gefunden, dem er sein volles Vertrauen schenken konnte.

Modestus war ein gewissenhafter Lehrer, der Wert darauf legte, daß Vitus seine griechischen Vokabeln gut lernte und seine Rechenaufgaben erledigte, der aber auch mit ihm darüber sprach, wenn er seine Hausaufgaben schlampig gemacht oder gar gelogen hatte. Er versuchte ihm klar zu machen, daß ein guter Mensch so etwas nicht tut. Einmal, an einem Sonntag, hörte Vitus in aller Frühe, daß Modestus und Kreszentia das Haus verließen. Er schlich ihnen nach. Er sah sie in ein Haus gehen, in das auch andere gingen. Eine Verschwörung? Er nahm sei-

nen ganzen Mut zusammen und wagte sich bis zu dem verdächtigen Haus vor. Er hörte Stimmen. Er hörte Gesang. Er konnte sich das alles nicht erklären. Am nächsten Tag erzählte er das Erlebnis seinem Freund. Der fand die Geschichte nur halb so abenteuerlich wie Vitus. „Das sind Christen. Die kommen jeden Sonntag zusammen, um ihren Gott zu ehren."
Von den Christen hatte Vitus bis dahin wenig Gutes gehört: sie verachteten die Götter, sie feierten keine Feste mit, sie übertraten die Gesetze und ehrten den Kaiser nicht. Und zu diesen Leuten sollten Modestus und Kreszentia gehören? Das konnte er nicht glauben. Vitus fragte in der nächsten Unterrichtsstunde Modestus ganz direkt: „Hast du schon einmal etwas von den Christen gehört?" „Ja", gab Modestus zur Antwort, „wieso?" – „Weil ich gerne erfahren möchte, warum sie die Götter verachten und den Kaiser nicht ehren." Das wurde eine lange Unterrichtsstunde. Modestus hatte sich auf ein gefährliches Abenteuer eingelassen, denn würde Vitus ihn anzeigen, wäre er verloren und wohl auch Kreszentia. Vitus dachte gar nicht daran, die beiden zu verraten, im Gegenteil, er wollte selber Christ werden. Die Monate der Vorbereitung auf die heilige Taufe vergingen wie im Flug und in der Osternacht war es soweit. Vitus wurde getauft. Voll Freude erzählte er seinem Vater, daß er nun ein Christ sei. Für den Vater brach eine Welt zusammen. Sein Sohn ein Christ! Wie

lange würde es dauern, bis der Statthalter es erfahren und ihn zum Tod verurteilen würde?! Der Vater verlor fast den Verstand. In seiner Verzweiflung zeigte er den Sohn selber an. Vitus wurde verhaftet, ausgepeitscht und ins Gefängnis geworfen. Modestus und Kreszentia gelang es, Vitus zu befreien. Sie flohen nach Unteritalien und kamen schließlich nach Rom.

Kaiser Diokletian hatte große Sorgen mit seinem an Epilepsie leidenden Sohn. Niemand, nicht einmal die besten Ärzte konnten helfen. Irgendjemand kam auf die Idee, Vitus zu rufen. Er habe auch anderen schon helfen können. Und Vitus konnte helfen: Der Kaisersohn wurde von der Fallsucht, die man später „Veitstanz" nannte, befreit. Dafür sollte Vitus zusammen mit dem Kaiser den Göttern ein Dankopfer darbringen. Vitus weigerte sich und bekannte seinen christlichen Glauben. Diokletian vergaß seine Dankesschuld gegenüber Vitus und ließ ihn den Löwen vorwerfen. Vitus bezeichnete sich und die wilden Tiere mit dem Kreuzzeichen, und sie legten sich vor seine Füße.

Modestus und Kreszentia wurden gleichfalls gefoltert und schließlich hingerichtet. Nach weiteren Martern ließ der Kaiser Vitus schließlich in einen Kessel mit siedendem Blei werfen, aus dem er wunderbar errettet wurde. Ermattet von den vielen Qualen starb er. Die fromme Witwe Florentia fand seinen Leichnam und sorgte für eine würdige Bestattung.

Der hl. Vitus zählt seit dem 13. Jahrhundert zu den vierzehn Nothelfern. Er wird angerufen bei Bettnässen und Epilepsie, bei Hysterie und Tollwut. Er ist Patron der Kupfer- und Kesselschmiede. Da der Vitus-Tag gerne mit einem Wetterwechsel verbunden ist, sagt der schwäbische Volksmund: „Veit schüttets Häfele um."

Patron der Kupfer- und Kesselschmiede, der Schauspieler, Gaukler, Bierbrauer; bei Besessenheit, Tobsucht und Epilepsie, Veitstanz, Fraisen, gegen Aufregung, bei Bettnässen, gegen Schlangen- und Hundebiß.

Patronate der Heiligen

A

der Abstinenten	Johannes der Täufer
	Martin
der Ammen	Margareta
	Kosmas und Damian
in allen Anliegen	Maria
in schweren Anliegen	Judas Thaddäus
für eine gute Apfelernte	Christophorus
der Apotheker	Kosmas und Damian
	Michael
	Raphael
der Arbeiter	Josef
der Arbeiterinnen	Martha
der Architekten	Barbara
der Armen	Franz von Assisi
	Laurentius
	Martin
der Armen Seelen	Michael
der Armen Seelen im Fegfeuer	Laurentius
der Artillerie	Barbara
der Artisten	Georg
der Ärzte	Blasius
	Kosmas und Damian
	Pantaleon
gegen Aufregung	Vitus
in aussichtslosen Lagen	Judas Thaddäus
der Auswanderer	Raphael

B

der Bäcker	Antonius von Padua
der Bankangestellten	Michael
der Bauarbeiter	Barbara
der Bauern	Johannes der Täufer
	Leonhard
der Bauern Hab und Gut	Georg
von Bayern	Maria
der Beichtväter	Nepomuk
der Bergleute	Barbara
	Georg
	Leonhard
der Bergstraßen	Christophorus
vieler Berufe	Maria
der Berufswahl	Aloisius v. Gonzaga
gegen Beschimpfungen	Georg
gegen Besessenheit	Vitus
der Bettler	Martin
gegen Bettnässen	Vitus
der Bibliothekare	Laurentius
der Bibliotheken	Katharina v. Alexandrien
der Bierbrauer	Vitus
gegen Blähungen	Martin
gegen Blitz und Ungewitter	Michael
der Boten	Gabriel
der Böttcher	Florian
der Briefmarkensammler	Gabriel
der Brücken	Nepomuk
bei Brustleiden	Agatha
der Buchbinder	Christophorus
der Buchdrucker	Katharina v. Alexandrien
der Büchsenmacher	Georg

C

der Chirurgen	Kosmas und Damian
der Chorknaben	Nikolaus
der Chorsänger	Cäcilia

D

der Dachdecker	Barbara
des deutschen Volkes	Michael
der Dichter	Cäcilia
der Dienstmägde	Martha
der Drogisten	Kosmas und Damian
gegen Dürre	Florian

E

der Ehefrauen	Katharina v. Alexandrien
	Margareta
der Eheleute	Josef
gegen Epidemien	Kosmas und Damian
gegen Epilepsie	Vitus
gegen Erdbeben	Agatha
der Erstkommunikanten	Tarcisius
der Erzieher	Josef
von Europa	Benedikt von Nursia

F

der Fährleute	Christophorus
	Nikolaus
der Färber	Christophorus
gegen Fallsucht	Johannes der Täufer

der christlichen Familien	Josef
des Fernmeldewesens	Gabriel
der Festungen	Barbara
gegen Feuersgefahr	Agatha
	Christophorus
	Florian
der Feuerwehr	Barbara
	Florian
gegen Fieber	Georg
der Flachshändler	Franz von Assisi
der Flößer	Christophorus
	Nepomuk
der Flüchtlinge	Martin
gegen Fraisen	Vitus
der Franziskaner	Antonius von Padua
der franziskanischen Orden	Franz von Assisi
der Frauen	Maria
der hoffenden Frauen	Christophorus
der Friseure	Katharina v. Alexandrien
der Fuhrleute	Leonhard
gegen Furcht	Johannes der Täufer
der Furten	Christophorus

G

der Gänse	Martin
der Gastwirte	Martha
der Gaukler	Vitus
der Gebärenden	Margareta
in Geburtsnöten	Maria
der Gefangenen	Barbara
	Georg
	Leonhard

der Gelehrten	Katharina v. Alexandrien
der Gerber	Blasius
	Johannes der Täufer
gegen Geschwüre	Kosmas und Damian
der Gesellen	Adolph Kolping
gegen Gewitter	Agatha
der Glaser	Laurentius
für den Glauben	Georg
der Glockengießer	Agatha
der Glöckner	Barbara
bei gynäkologischen Erkrankungen	Maria

H

der Hafner	Florian
gegen Hagel	Christophorus
	Johannes der Täufer
gegen Halsleiden	Blasius
der Handwerker	Josef
der Hausfrauen	Martha
der Häuslichkeit	Martha
der Haustiere	Blasius
	Johannes der Täufer
	Martin
der Hebammen	Pantaleon
der Hirten	Johannes der Täufer
der Höhlenforscher	Benedikt von Nursia
der Humoristen	Philipp Neri
gegen Hundebiß	Vitus
der Hutmacher	Christophorus
	Jakobus

I

der Instrumentenbauer	Cäcilia
von Italien	Franz von Assisi

J

der Jugend	Aloisius von Gonzaga
der Jugendlichen	Josef
der Jungfrauen	Josef
	Katharina v. Alexandrien
	Margareta
	Nikolaus
der Juristen	Katharina v. Alexandrien

K

in Kämpfen aller Art	Georg
der katholischen Presse	Franz von Sales
der Kaufleute	Franz von Assisi
	Michael
der Kavalleristen	Georg
der Kesselschmiede	Vitus
der Keuschheit	Josef
der Kinder	Christophorus
	Josef
	Nikolaus
(für schwache und kränkliche)	Sebastian
gegen Kinderkrankheiten	Johannes der Täufer
der Kinobesitzer	Johannes der Täufer
der Kirche	Josef
	Maria
	Michael

für die Freiheit der Kirche	Nepomuk
der Kirchenmusik	Cäcilia
der Kirchhöfe	Michael
der Köche	Laurentius
der Köchinnen	Martha
der Kohlenträger	Leonhard
gegen Kopfweh	Pantaleon
gegen Krämpfe	Johannes der Täufer
der Kranken	Kosmas und Damian
	Raphael
bei Krankheit	Blasius
	Pantaleon
der Kreuzritter	Sebastian
der Krieger	Jakobus
in Kriegsgefahr	Georg
der Kriegsinvaliden	Sebastian
der Kuchenbäcker	Laurentius
der Kürschner	Johannes der Täufer
der Kupferschmide	Vitus

L

der Lämmer	Johannes der Täufer
der Landsknechte	Georg
der Lastträger	Leonhard
der Lehrer	Benedikt von Nursia
	Katharina v. Alexandrien
der Luftschiffer	Christophorus

M

der Mädchen	Katharina v. Alexandrien
	Margareta

der medizinischen Fakultäten	Kosmas und Damian
bei Migräne	Katharina v. Alexandrien
der Ministranten	Tarcisius
der Müller	Nepomuk
der Musiker	Cäcilia
	Johannes der Täufer
der Mütter	Maria

N

des Nachrichtenwesens	Gabriel
der Notare	Katharina v. Alexandrien

O

von Oberösterreich	Florian
der Orgelbauer	Cäcilia

P

gegen Pest	Sebastian
der Pfadfinder	Georg
der Pfarrer	Johannes Vianney
der Pferde	Georg
	Leonhard
	Martin
der Philosophen	Katharina v. Alexandrien
der Physiker	Kosmas und Damian
der Pilger	Christophorus
	Jakobus
	Raphael

der Postbeamten	Gabriel
der Priester	Nepomuk

R

der Rechtsgelehrten	Katharina v. Alexandrien
der Redner	Katharina v. Alexandrien
der Reiter	Martin
gegen Religionsfeinde	Sebastian
der Reisenden	Antonius v. Padua
	Christophorus
	Josef
	Raphael
der Reiter	Georg
der Ritter	Georg
	Jakobus
	Michael
der Ritterorden	Georg
der Rüstungsmacher	Georg

S

der salesianischen Orden	Franz von Sales
der Sattler	Georg
	Johannes der Täufer
der Sänger	Johannes der Täufer
der Schafe	Johannes der Täufer
der Schauspieler	Vitus
der Schiffer	Christophorus
	Nepomuk
gegen Schlangenbiß	Georg
	Vitus

der Schlosser	Leonhard
der Schmiede	Georg
	Leonhard
der Schneider	Franz von Assisi
	Martin
der Schriftsteller	Franz von Sales
der Schüler	Katharina v. Alexandrien
	Nikolaus
der Schulkinder	Benedikt v. Nursia
der Schützen	Georg
der Schützengilden	Sebastian
gegen Schwangerschafts-beschwerden	Maria
gegen Schwindel	Johannes der Täufer
der Seeleute	Nikolaus
der Soldaten	Georg
	Martin
	Michael
	Sebastian
der Sozialarbeit	Antonius von Padua
	Franz von Assisi
von Spanien	Jakobus
der Spitäler	Georg
der Stallknechte	Leonhard
der Steinhauer	Barbara
der Sterbenden	Benedikt von Nursia
	Josef
	Martha
	Michael
	Sebastian
für eine gute Sterbestunde	Barbara
der Strumpfwirker	Jakobus

der Studenten	Katharina v. Alexandrien
der studierenden Jugend	Aloisius von Gonzaga

T

der Tänzer	Johannes der Täufer
gegen Tanzwut	Johannes der Täufer
der Theologen	Katharina v. Alexandrien
der Tischler	Josef
gegen Tobsucht	Vitus
für einen guten Tod	Michael
gegen einen jähen und unbußfertigen Tod	Christophorus
der Totengräber	Josef
der Trinkerfürsorge	Johannes der Täufer
der Tuchhändler	Franz von Assisi
	Martin
der Türme	Barbara

U

gegen üble Nachrede	Georg
für den Umweltschutz	Franz von Assisi
der unfruchtbaren Frauen	Margareta
gegen Unfruchtbarkeit	Maria
gegen Unfruchtbarkeit der Felder	Florian
gegen Unglück	Agatha
der Universität Paris	Katharina v. Alexandrien
gegen Unwetter	Agatha
	Christophorus
(und Blitz)	Michael

V

gegen Veitstanz	Vitus
der Verbannten	Josef
des Verkehrs	Christophorus
um Verlorenes wiederzufinden	Antonius von Padua
in Versuchungen	Georg
	Josef
der Verwalter	Laurentius
in verzweifelten Situationen	Josef
des Viehs	Antonius von Padua
	Georg
	Leonhard

W

der Waffenschmiede	Georg
der Wagner	Josef
	Katharina v. Alexandrien
der Waisen	Josef
der Wäscherinnen	Martha
gegen Wassergefahr	Christophorus
	Florian
der Weber	Blasius
	Franz von Assisi
der Weinstöcke	Johannes der Täufer
gegen Widerwärtigkeiten	Christophorus
der Wirte	Laurentius
	Nikolaus
der Wöchnerinnen	Leonhard
bei Wohnungsnot	Josef

Z

der Zahnärzte	Apollonia
	Kosmas und Damian
gegen Zahnschmerzen	Apollonia
der Zeitungsausträger	Maria
der Zimmerleute	Barbara
	Josef
der Zuckerbäcker	Kosmas und Damian
bei Krankheiten der Zunge	Katharina v. Alexandrien